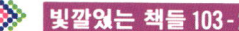
빛깔있는 책들 103-25

산사의 하루

글/돈연 ●사진/김대벽, 안장헌

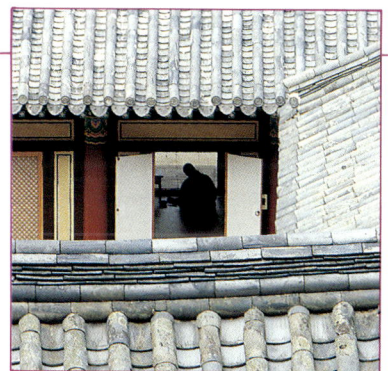

대원사

돈연

송광사 출가, 성공 스님을 은사로 득도. 해인강원 졸업. 송광사, 봉암사 등 선원에서 정진. 동국역경원 수료, 번역에 종사. 도보로 일년간 인도성지 순례, 경전읽기모임을 통해 경전읽기 운동을 시작하여 지금도 계속하고 있다. 현대시학을 통해 문단에 나왔다. 시집「벽암록」(평민사),「순례자의 노래」(열화당)가 있으며, 몇 권의 번역서가 있다.

김대벽

한국신학대학을 졸업했으며, 한국사진작가협회 운영 자문위원, 민학회 회원으로 활동하고 있다. 주요 사진집으로「문화재대관(무형문화재편, 민속자료편)」상, 하권 외에 다수의 사진집이 있다.

안장헌

고려대학교 농업경제학과를 졸업했으며 신구전문대 강사, 사진 예술가협회 부회장으로 있다. 사진집으로「석불」「국립공원」「석굴암」등이 있다.

산사의 하루

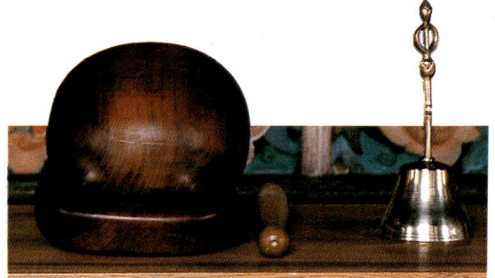

산사의 하루

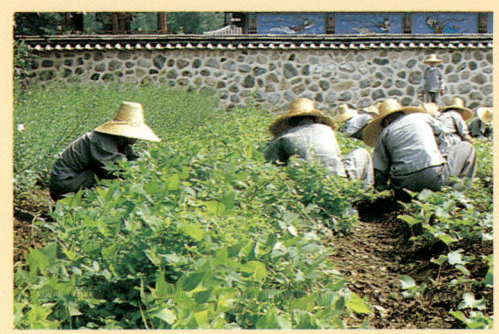

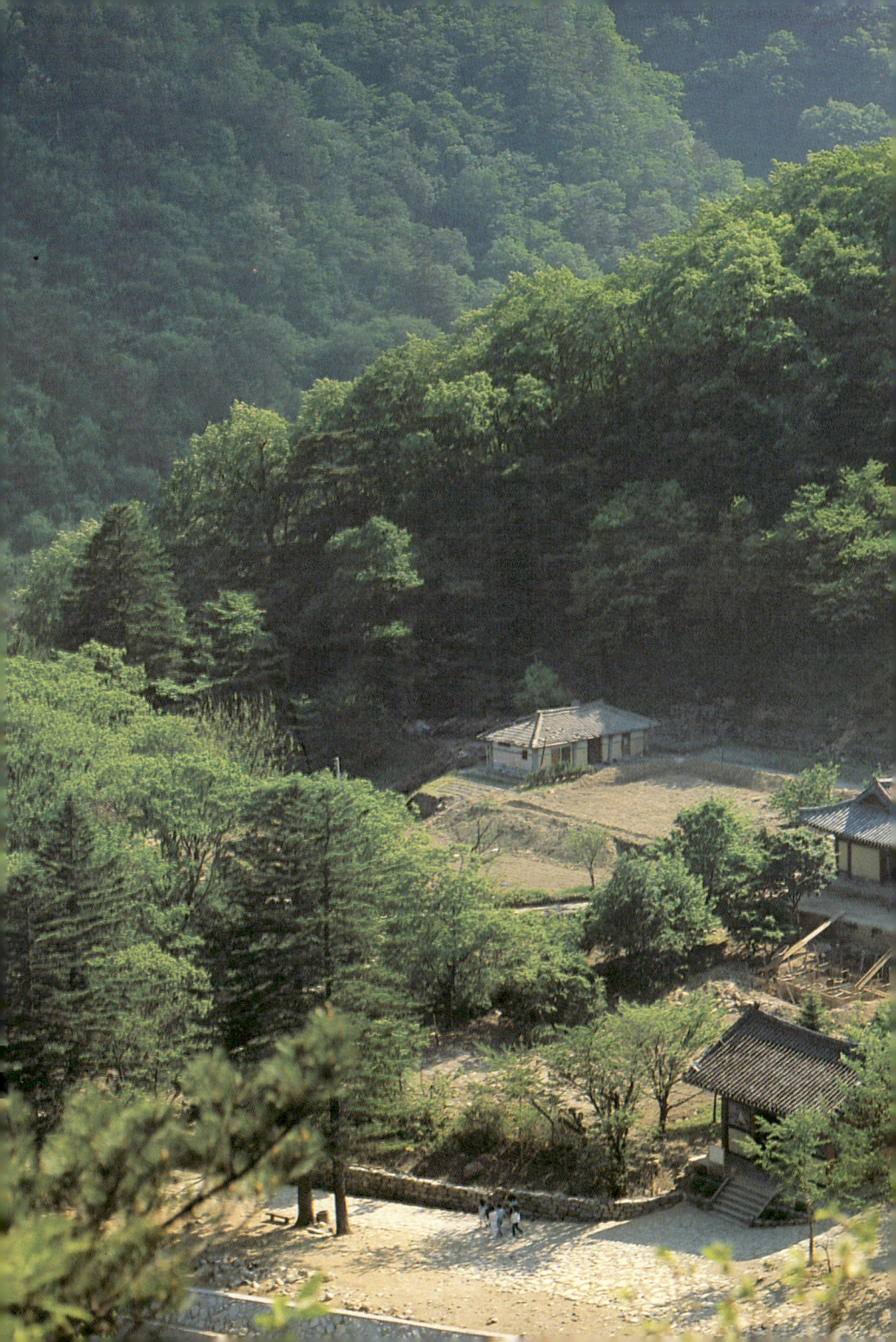

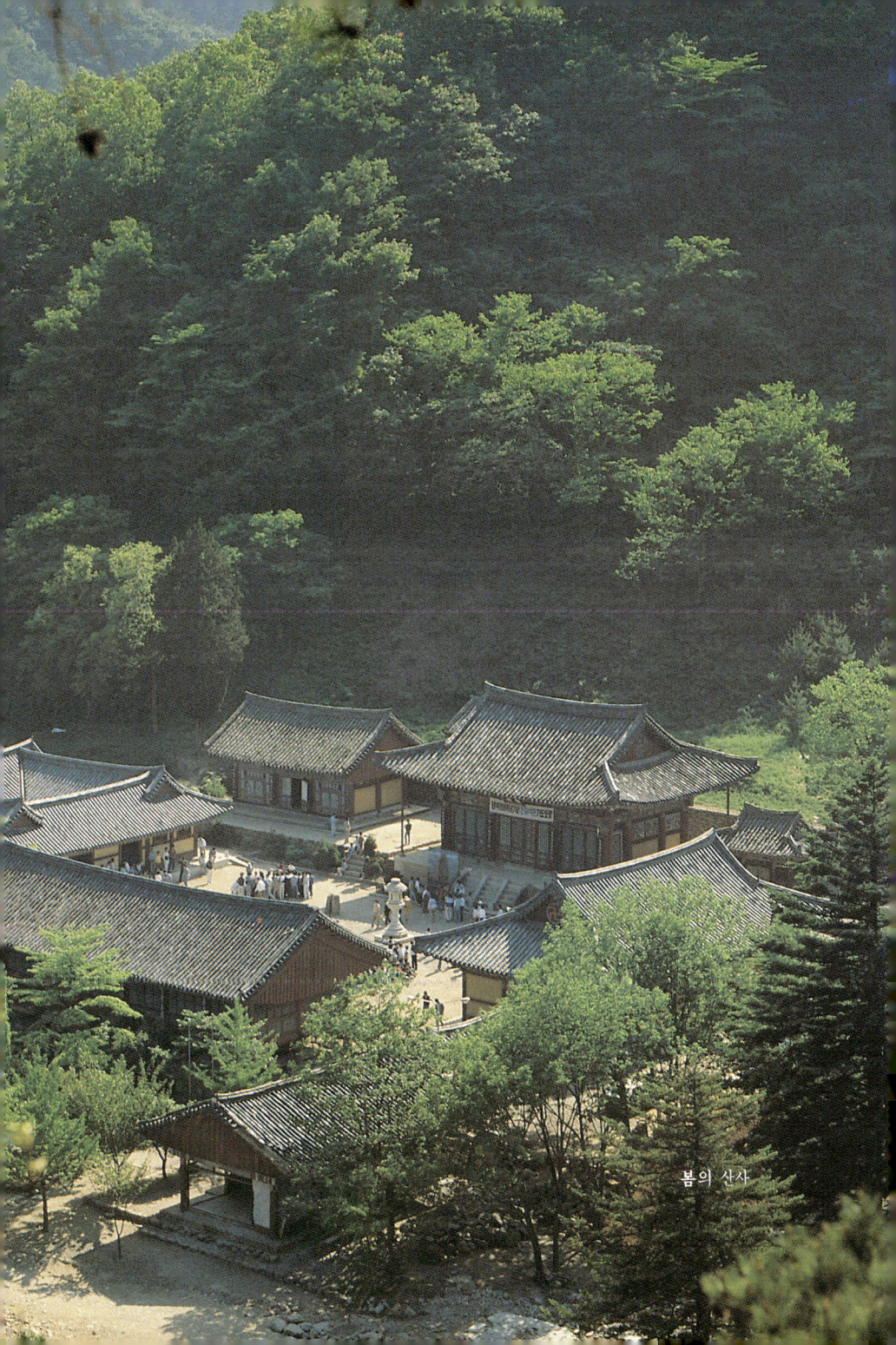

봄의 산사

도량석(道場釋)

뉘 있어
잠든 영혼의 가슴깊이로 다가와
떠날 수 없는
저 깊은 곳의 여행을 재촉느뇨

버리고 떠나온 발길
망설이지 않고 곧장 달려와
또르락 딱 딱
또르락 딱 딱
또르락 딱 딱

어디서 들리는가
저 소리는
잠든 이랑 어디쯤인가 누워 있던
돌 장승의 너털웃음 사이로
쏘아오는

달마의 눈빛
마냥 엄숙한 이 새벽
만져지지 않는 마음 빗장 열어
소리치고 있다

일어나라
일어나라
일어나라,

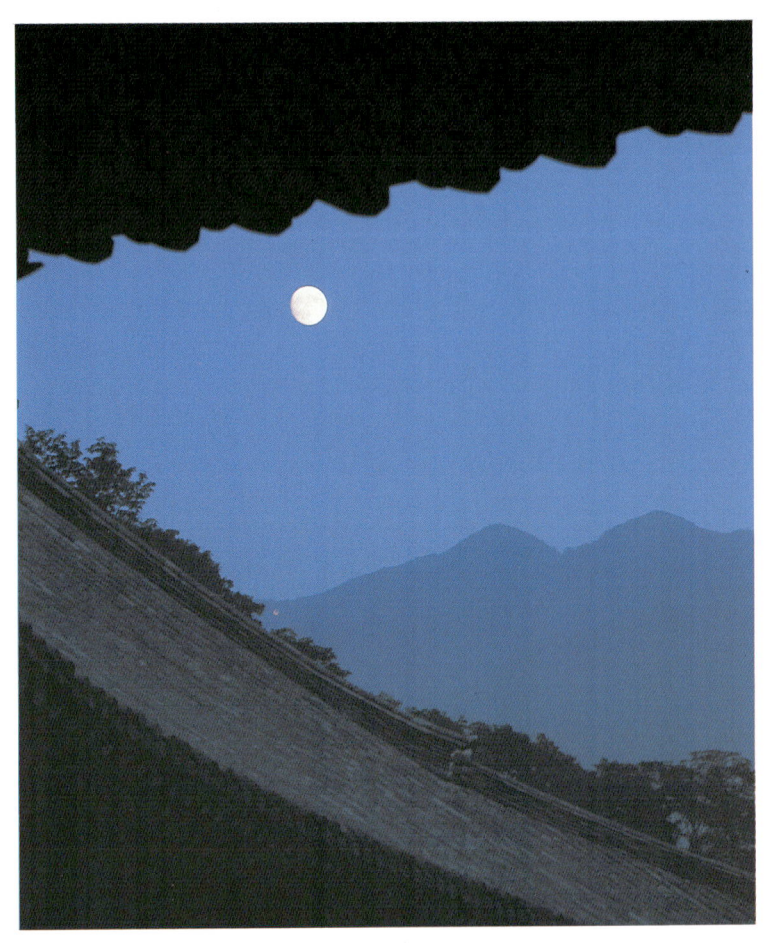

산사의 새벽

새벽을 깨우는 목탁

 장등의 불빛, 아스라이 새벽을 부르는데 홀연 목탁 소리 울린다. 오전 3시 정각, 산사에서는 언제 어디서나 이렇게 새벽을 깨우는 목탁 소리가 울린다. 이름하여 도량석(道場釋).
 목탁이 울리면 무명을 쫓아내듯, 하나 둘 승방에 불이 켜진다. 강원과 선방 그리고 채공간에서도 맑은 기침 소리와 함께 조용한 하루를 움직이기 위한 시작이 있다.

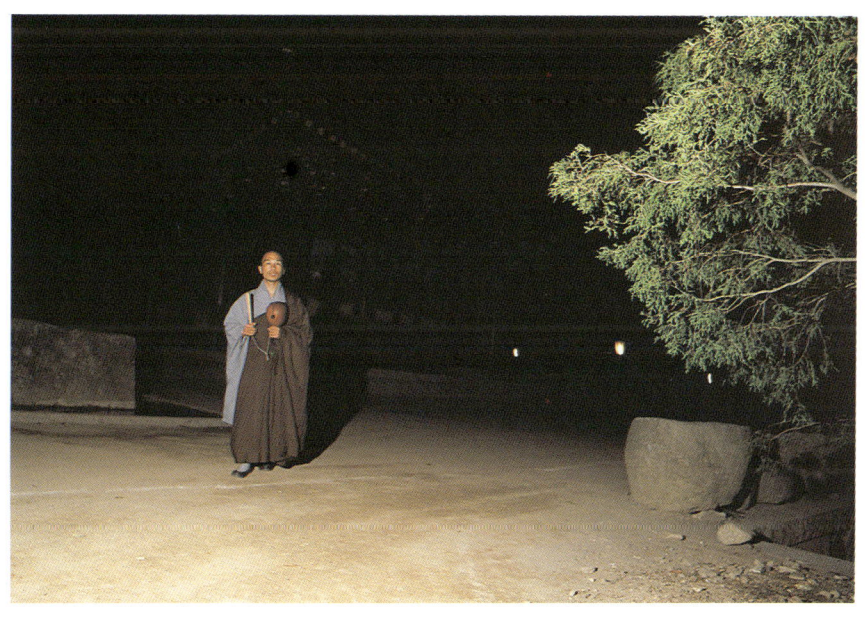

도량석 오전 3시 정각이면 산사에서는 언제 어디서나 새벽을 깨우는 목탁 소리가 울린다.

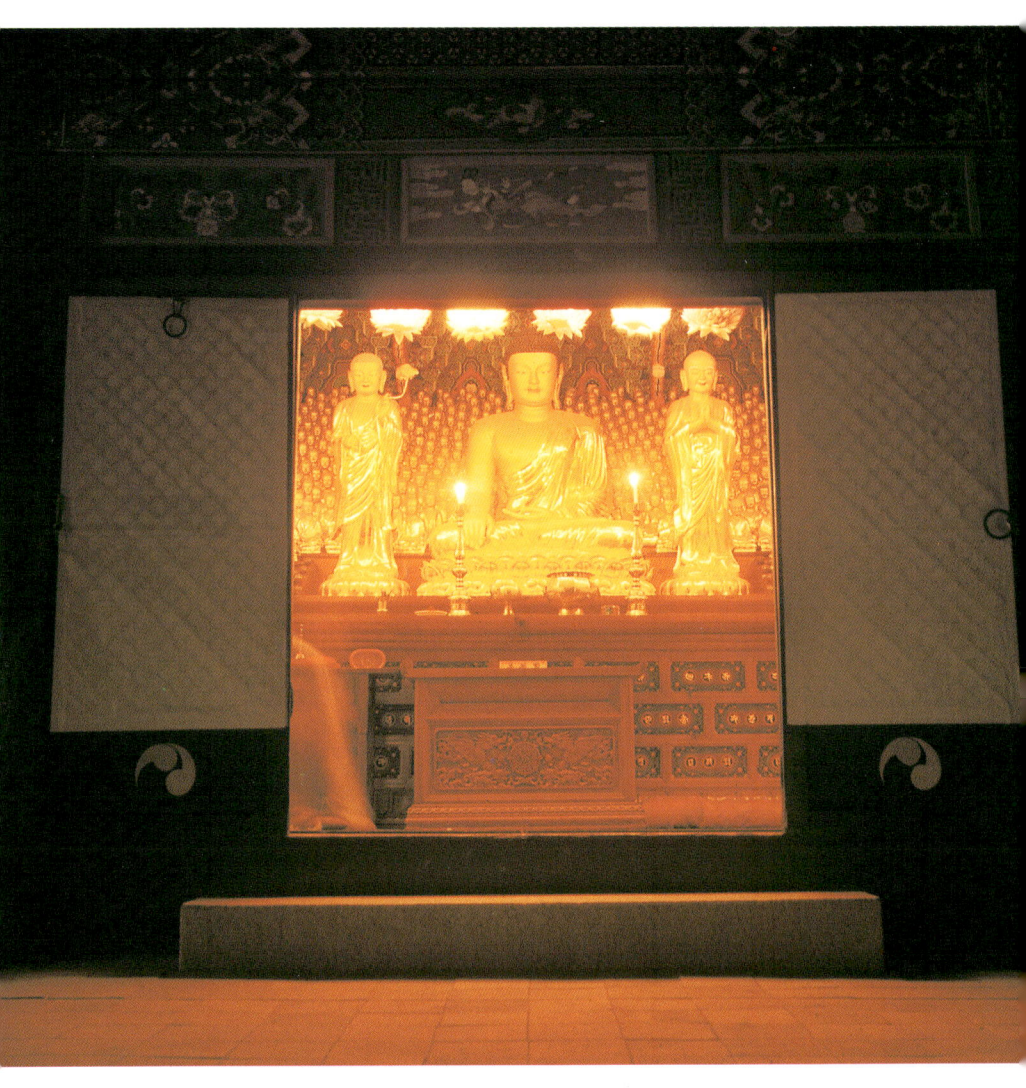

산사의 새벽 불 켜진 큰법당 도량석이 끝나면 도량의 이곳저곳은 깨어나 조용하게
하루가 시작된다.

12 도량석

큰법당 어간의 섬돌에서 시작한 새벽 목탁은 마당을 가로질러 종루 밑을 지나 사천왕문을 한차례 들락이고 다시 계단을 올라 명부전과 관음전을 끼고 돈다. 말없이 목탁만 치기도 하지만 대개의 경우 「천수경」을 외운다. 소임자에 따라 석가모니불 또는 관세음보살을 부르기도 한다. 도봉산 망월사에 계시던 춘성 스님은 그 우렁우렁한 목소리로 새벽 목탁 때마다 참선곡을 노래하여 납자들에게 깊은 환희심을 일으키게 하였던 일로 유명하다.

목탁은 도량을 한 바퀴 돌아 다시 법당 어간의 섬돌에서 멎는다. 이때쯤이면 도량의 이곳저곳은 깨어날 대로 깨어나, 여느 때처럼 깨이고 깨어 있으되 조용하디 조용하게 하루가 시작된다. 새벽 목탁은 시작할 때 나직한 소리로부터 점차 큰 소리로, 끝날 때는 큰 소리로부터 나직나직하게 사그라드는 것처럼 치는 것을 원칙으로 한다. 일어나는 시간과 목탁 치는 법 그리고 도량을 돌아와 끝나는 시간 등에 매우 엄격한 법도가 있다. 때문에 이 새벽 목탁은 노전(盧殿;큰법당의 소임자로 부처님 시봉하는 이)의 중요한 소임거리다. 노전은 이 밖에도 예불과 대웅전 행사의 집전자로 사찰의 생활이 몸에 익고 신심이 깊으며 염불에 능한 노스님이 맡는 경우가 많다. 세월이 수행으로 영글고, 희로애락의 번뇌를 벗어난 노스님의 부드러운 염불 소리와 목탁 소리는 수도 생활의 여울과도 같다.

산사의 하루는 이렇듯 목탁과 염불 소리로 시작된다.

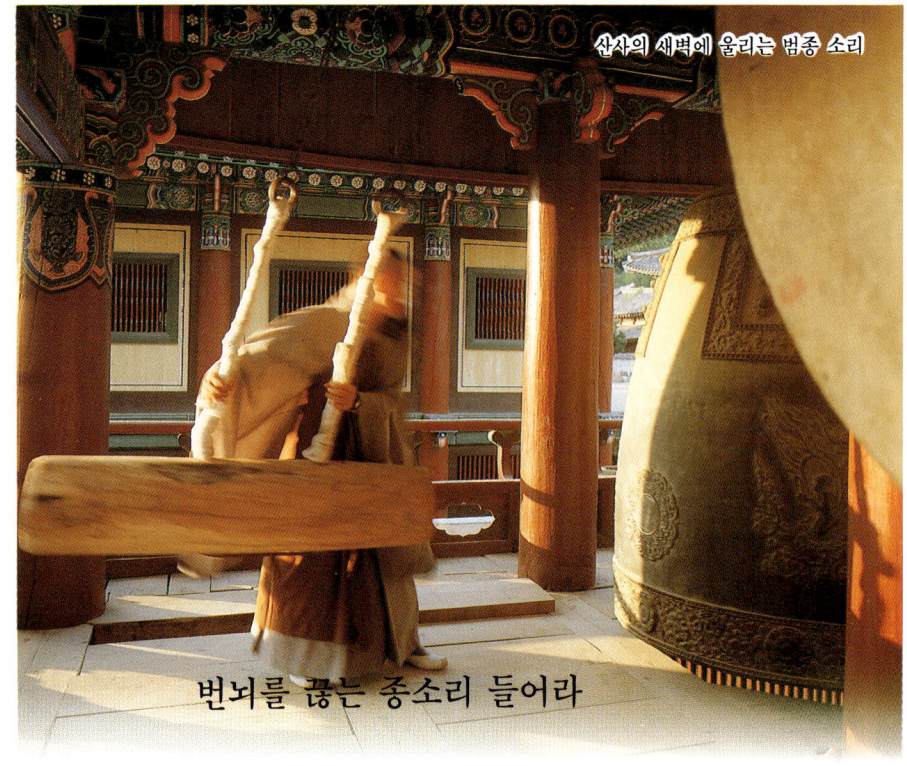

산사의 새벽에 울리는 범종 소리

번뇌를 끊는 종소리 들어라

이 종소리 울려
번뇌를 끊어라

지혜가 자라나
슬기를 거두리

지옥을 떠나고
삼계를 벗어나리

원하던 부처 되어
뭇 삶을 건지라.

새벽 목탁에 이어 이번에는 작은 종이 울린다. 종성(鐘聲)이라 부르는 이 일 역시 염불과 함께 한다. 번뇌를 끊고 지혜를 얻는 일은 출가 수행자의 본분. 그리고 얻어진 지혜는 모두 이웃의 삶을 위해 회향되어야 할 목표이다. 원하던 부처 되어 뭇 삶을 건진다(願成佛度衆生)는 게송으로부터 시작하는 것도 그러한 생각과 소원의 결과이다. 번뇌, 지혜, 슬기, 지옥, 삼계, 부처, 중생은 우리들의 삶과 생애의 울타리 안에 심어진 모든 것들을 상징한다. 옛 스님들은 왜 꼭두새벽, 삶의 거창한 주제들을 종소리에 싣고 울리기 시작했을까. 일년 삼백 예순 날, 끊임없이 되풀이되는 새벽 종소리, 똑같은 염불, 그러나 저 깊은 의미.

종소리는 생명을 지닌 모든 것들을 위해 울린다. 지옥, 아귀, 축생, 인간, 하늘, 수라에 이르고 다시 곤충이나 새들에게까지 자비의 감로 법문을 들려 주기 위해 울린다.

어디 그것뿐이랴. 풀이나 나무, 기와 조각이나 돌멩이에게까지라도 하는 심경이 되어 종을 친다. 한 생각 오로지 거두어 잡아 거기 평상심으로 나툰 종소리, 그것은 한낱 쇳덩이로 만들어 내는 것이기에 앞서 너무 적막하고 처절한 수행자들의 자기 도야가 실려 있다. 그래서 옛 조사들은 그냥 종소리라 하지 않고 "깨끗하고 완전한 종"이라고 했을까. 종은 종이되 종이 아닌 소리라면 좀 어려운 소리가 되는 것일까. 산사든 도심지든 절에서 울리는 종소리는 딸랑거리며 경박하지는 않다. 세월에 녹아버린 듯, 풍상에 씻기운 듯, 기쁨과 슬픔의 강물 건너 저편을 향해 일깨우는 듯한 종소리는 그렇게 새벽을 연다. 종성은 염불과 함께 시작되어 염불과 함께 끝난다. 최초의 게송 뒤로 지옥을 깨뜨리는 진언이 있고 다시 아미타불의 마흔여덟 가지 원력과 장엄 염불에 이르러 종소리는 숨가쁘게 빨라져 내림과 오름의 여섯 망치로 마무리되고 한 호흡 걸러 다섯 번의 소리를 끝으로 종성은 끝난다.

큰 종(梵鐘)

종성이 끝나면 큰 종이 장엄하게 울린다. 서른세 번. 하늘의 도솔천은 서른세 번째의 천상 세계, 그것을 상징하여 서른세 번 울린다. 그러므로 범종이라 부르는 큰 종은 하늘의 소리다. 욕심에 물들지 않는 세계, 먹을 것 탐하지 않고, 색욕에 굶주리지 않고, 기쁨으로 가득한 세계. 도솔천은 그래서 아름답고 청정하고 기쁨만 가득하기를 바라는 인간의 이상향이다. 거기 깊숙한 곳에 내원궁이 있다. 부처님의 어머니 마야 부인도 일찍 죽어 거기로 갔다. 이승의 아들 부처님은 그 어머니와 어머니의 극락 친구들을 위해 그곳으로 올라가 설법을 했다. 부처님은 3일 동안 계셨다. 그러나 천상의 3일은 이곳에서 3개월, 땅의 인간들은 부처님을 뵙고 싶어 안달이 났다. 신통 제일이던 목련존자를 대표로 파견, 부처님을 모시고 내려오게 했다. 올라갔던 곳은 기원정사였지만 내려온 곳은 저 야무나의 지류로 흐르는 작은 시냇가 상카시아였다. 한역의 「잡아함」에도 정확히 기록되어 있는 얘기이다. 그러나 천상은 삶의 끝이 있는 세계이다. 기쁨을 받을 만큼 받으면 그들의 생명은 끝나 지은 업대로 다시 윤회의 여행을 떠나야 한다. 윤회는 물론 지옥에도 있다.

큰 종은 기쁨에 취한 천상 세계에 깨달음을 일깨우기 위한 경책의 소리라고나 할까. 뒤탈이 없는 세계, 번뇌가 되풀이되지 않는 세계는 오직 깨달음의 세계, 부처의 나라뿐이기에.

산사의 새벽 범종 소리만큼 마음의 거문고 줄을 적시듯 고르는 일이 또 있을까. 교하지 않으면서 엄숙하고, 둔하지 않으면서 깊은 지혜 울림은 어디서 오는가. 뜨락을 쓸되 먼지 일어나지 않고 연못 밑을 비추되 적시지 않는 달빛이어서 그런가. 정녕 청정하고 엄숙한 자비로 늘 깨어 있는 청정 수행자의 손길이어서 그런가 저 범종 소리는.

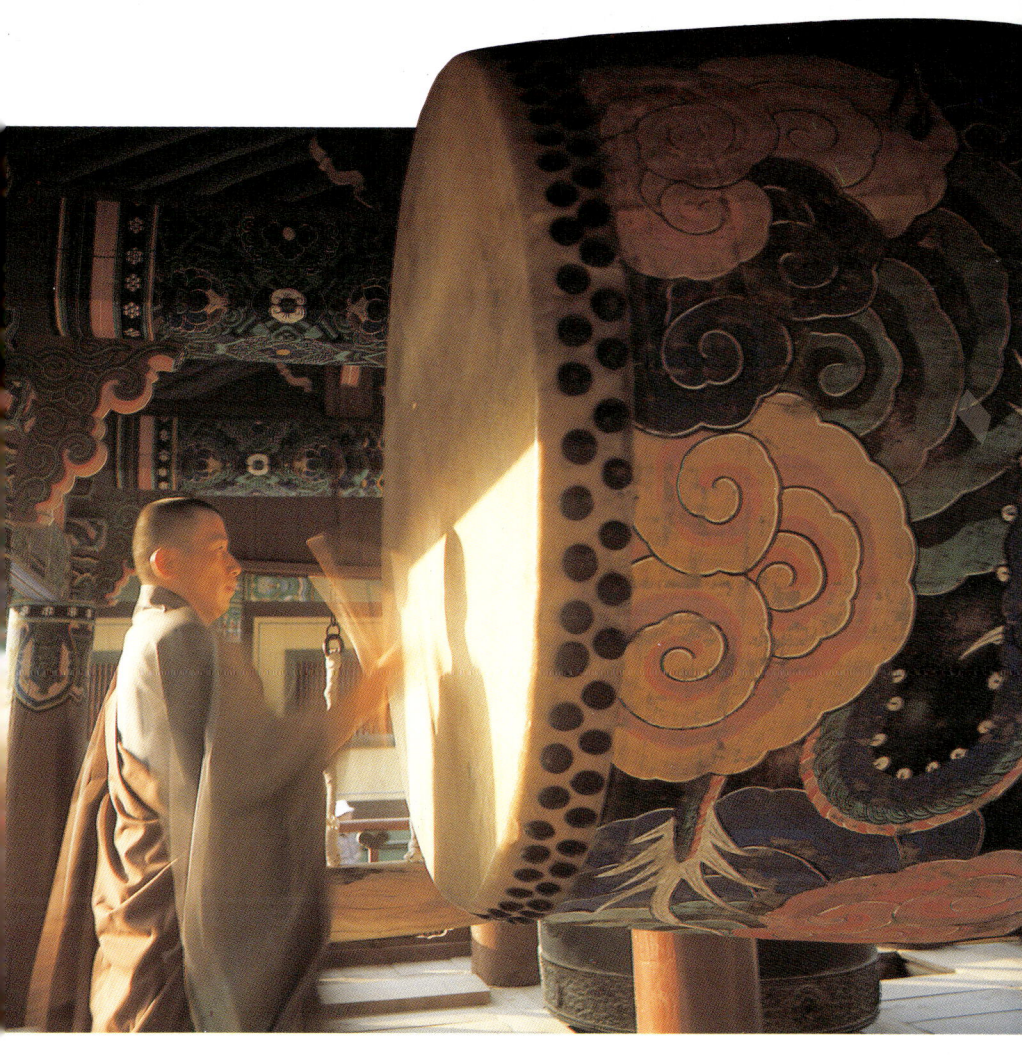

법고　삶의 고통을 받는 모든 생명들에게 감로법을 들려 주기 위해 울린다. 아침과
　저녁에 울린다.

천장에 매달아 놓
은 목탁

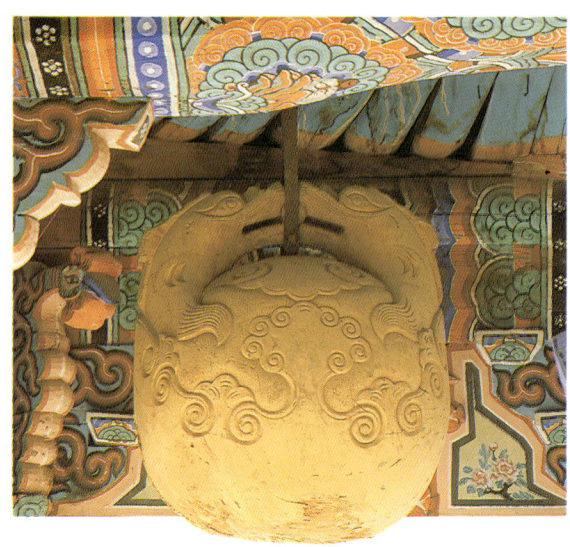

　이 범종은 하루에 세 번 울린다. 아침 예불, 재식(점심 마지),
저녁 예불 때이다. 그러나 예외의 경우가 있다. 산중에 불이 나거나
외적의 침입 등 긴급한 일로 대중의 운집이 필요할 때는 간격을
두지 않는 타종법을 사용한다. 중환자나 죽은 송장을 제외한 모든
사람들은 곧바로 출동을 해야 한다. 그리고 또 하나 수행자가 입적
했을 때 임종과 동시에 백여덟 번 울린다. 이때는 일정한 간격의
매우 느린 속도로 종을 친다. 절에서는 이것을 열반의 종소리라
부른다. 한 생의 마감을 뜻하는 장중한 뜻이 담겨 있어 이 열반의
종소리는 순식간에 산중을 섭섭하고 엄숙한 분위기로 젖어들게
한다.
　출가한 이는 너 나 없이 이 백여덟 번의 열반 종소리를 들으며
육신의 삶을 떠난다. 황혼의 숲길에 떨어진 낙엽 위로 감겨내리는
열반의 종소리는 삶이 어떤 것인가를 깊게 반조하는 생사 해탈의
소리이기도 하다.

법고와 목어와 운판

　법고는 일명 큰 북이라고도 불린다. 축생고를 받는 생명들에게 감로의 법을 들려 주기 위해 울린다. 목어는 물에 사는 고기들을 위해 울린다. 운판은 날아다니는 새들을 위해 울린다. 범종과 법고와 목어와 운판은 사물(四物)이라 하여 규모가 큰 사원에서는 반드시 갖추고 있는 법물(法物)이기도 하다.

　범종은 하루에 세 번 울리지만 법고와 목어와 운판은 아침과 저녁의 예불 때만 울린다.

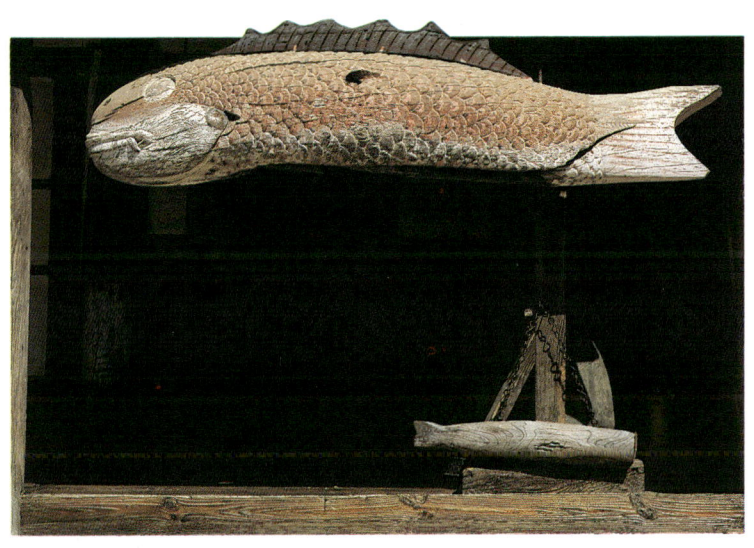

목어　범종과 법고, 목어와 운판은 사물이라 하여 큰 사찰에서는 반드시 갖추고 있는 법물이기도 하다.

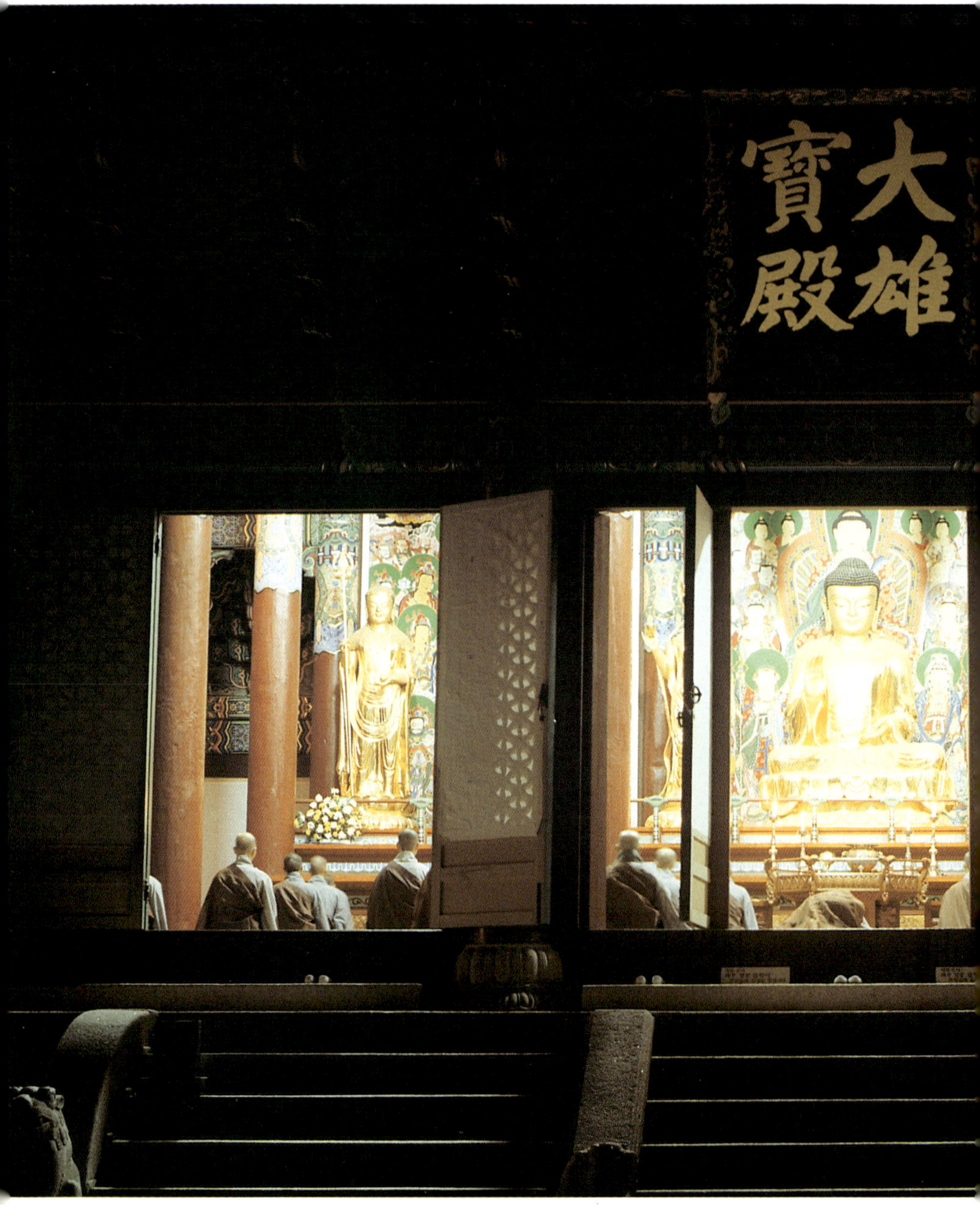
大雄寶殿

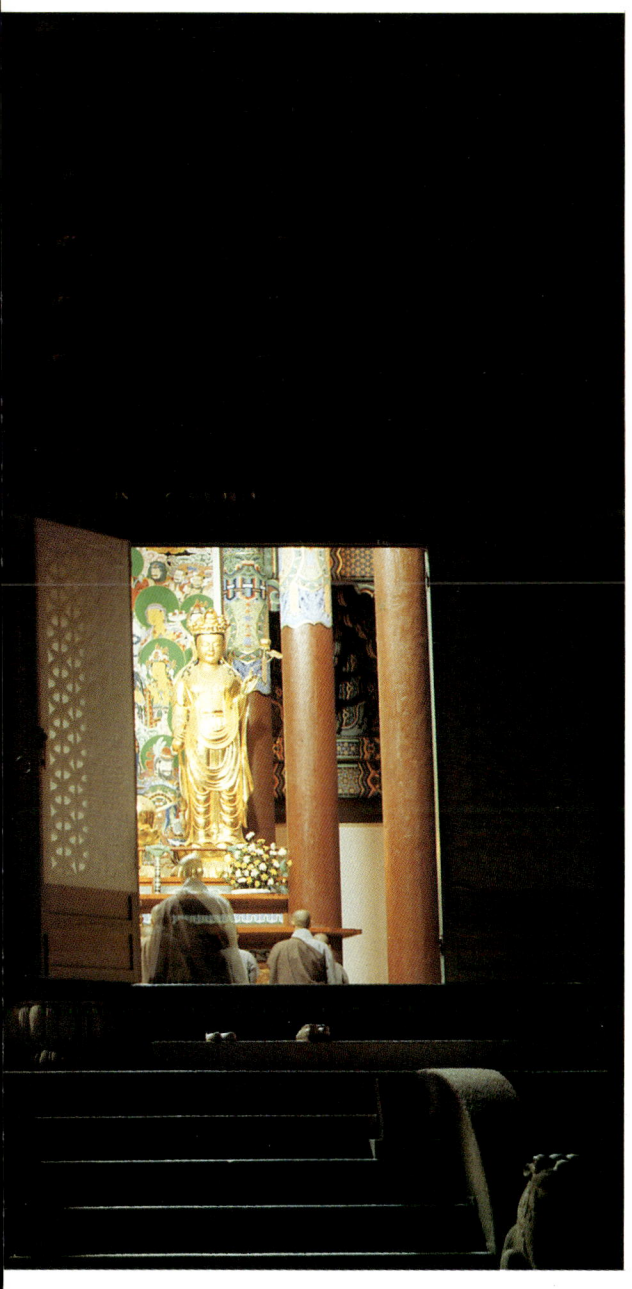

아침 예불 불교 수행자는 언제
어디서나 그 길이 삶의 나날이요
질서가 된다. 수행자의 하루
일과는 부처님께 드리는 예배로
부터 시작된다.

예불

예배와 절

넓은 의미에서 수행자의 하루 스물네 시간은 모두가 부처님께 예배하는 생활이다. 수행의 과정에서 깨달음이 얻어지고 그리고 나서 전법과 교화의 길이 있기 때문이다. 수행과 깨달음 그리하여 이어지는 전법과 교화는 부처님 생애의 표상이다. 불교 수행자는 언제 어디서나 그 길이 삶의 나날이요 질서가 된다. 때문에 수행자의 하루 일과는 부처님께 드리는 예배로부터 시작된다. 수행은 겸허와 청빈 그리고 엄숙과 청정을 주춧돌로 삼는다. 지혜와 선정은 치열한 자기 정화의 두 날개이다.

"밤이면 밤마다 부처를 안고 자고 새벽이면 새벽마다 부처를 안고 일어난다"고 노래한 옛 선사의 게송에서 우리는 수행자의 일상을 엿볼 수 있다. 여기서의 부처는 예배의 대상으로 지칭된 것이라기보다는 인격의 완성을 향해 가는 자기 자신을 부처에 견준 것이라 하겠다.

예불의 변함없는 모습은 역시 절하는 것이다. 두 손을 모아 합장

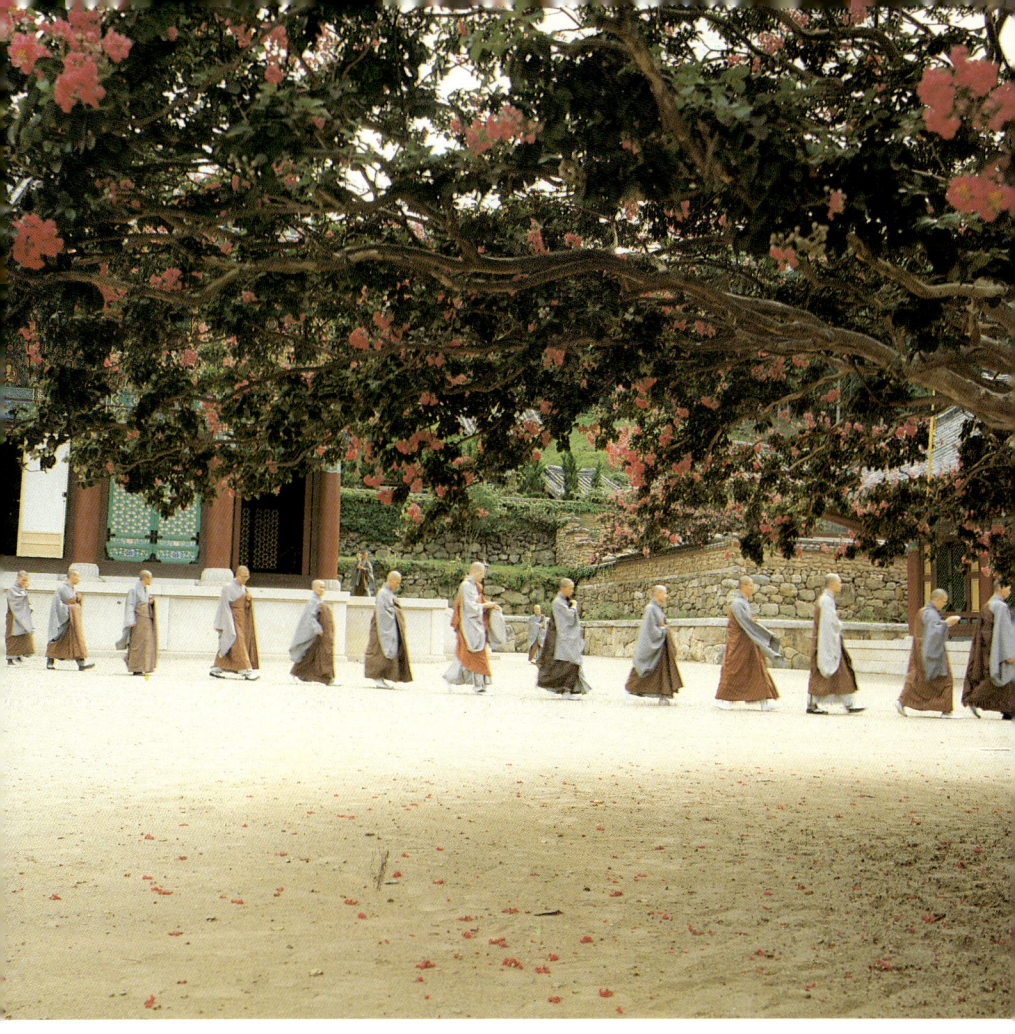

예불을 끝내고 나오는 스님들의 행렬

한다. 그리고 무릎 꿇어 이마를 마룻바닥에 닿게 한다. 반드시 이마가 바닥에 닿아야 한다. 그래서 정례(頂禮)라고 한다. 그런 다음 두 팔을 무릎에 맞대어 바닥에 놓는다. 양 무릎과 두 팔 그리고 이마가 바닥에 닿기 때문에 오체투지(五體投地)라고 한다.

최초로 깨달음을 완성한 성자, 자신의 본래 스승인 부처님께 하는 예절의 표현으로 오체투지만큼의 지극과 정성도 없으리라.

절은 겸허의 상징으로 자기를 낮추는 예법이기도 하다. 자비무적 오만을 없애는 지름길이요, 업장을 녹이는 가장 적절한 수행 방법이다. 이것이 바로 절이다. 합장으로 공경하고, 머리숙여 드리는 절은 오는 손님에 대한 최상의 예법이기도 하다. 이것이 절(寺)에서 절(拜)을 하는 가장 큰 이유이다.

사찰의 의식 때 쓰는 법구(法具)의 소품이 많지만 놋쇠로 만든 경쇠만큼 맑은 소리를 내는 것도 드물다. 일반 법요식에 자주 쓰이는 목탁과 요령에 비해 이 경쇠는 예불 때만 쓰인다. 살구나무 목탁에 대추나무 채를 쓰면 그 소리가 도솔천 내원궁에까지 들린다는 말이 있다. 그러나 이 경쇠는 사슴이 뿔갈이하다 버리고 간 헌 뿔을 가을 져 내린 낙엽 속에서 주워다 경쇠채로 쓴다. 금속과 각질(角質)의 단단함이 맞부딪는 강도만큼, 울리는 청아한 소리는 청빈한 수도 생활의 상징인 양 사람의 마음을 사로잡아 다시 한번 옷깃을 여미게 한다.

예불은 그 법당 안에 모인 사람들만의 것은 아니다. 범종과 법고와 목어와 운판을 쳐서 모은 뭇 생명의 대중이 함께 있다. 지옥과 하늘, 날짐승과 길짐승, 새와 벌레까지도 모두 동등한 자격으로 부처님께 예배드리기 위해 모여 있다.

경쇠와 선창

새벽 깨우는 목탁 소리부터 범종, 법고, 목어, 운판이 한바탕 법석을 열고 나면 쉼표를 찍듯 법당 안의 작은 종이 다섯 번 울린다. 이때쯤이면 조실의 노스님부터 후원의 행자에 이르기까지 산의 대중이 법당 자기 자리에 그린 듯 좌정하여 무심 삼매에 들어 있다. 이윽고 이슬에 꽃잎 벙글 듯 경쇠가 운다. 이어 선창(스님 하나가 예불문을 먼저 하는 것)이 있고 경쇠에 맞춰 대중의 장엄한 합송이 뒤따른다.

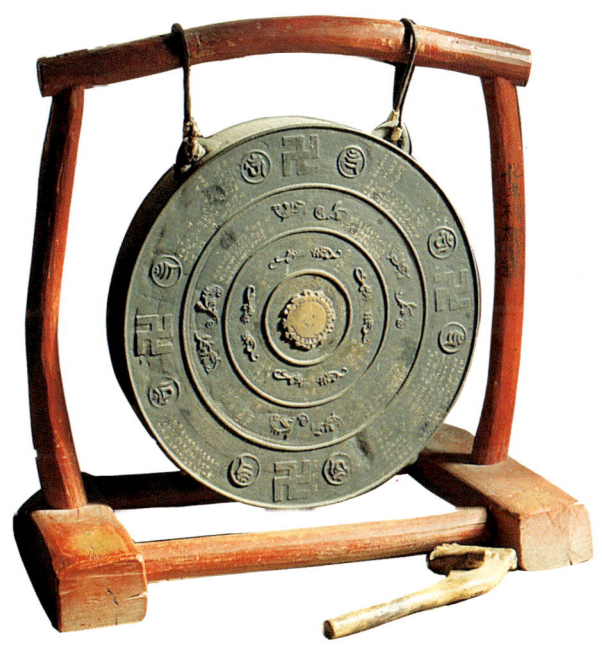

금고 예불 때만 쓰이는 법구로서 금고만큼 맑은 소리를 내는 것도 드물다.

예불문

예불문(禮佛文)
　저 지금 깨끗한 물로
　감로의 차를 만들었습니다
　거룩하신 부처님과
　거룩하신 가르침과
　거룩하신 스님들께 드리오니
　원컨대 어여삐 여겨 받아주시옵소서.

　我今清淨水 變爲甘露茶
　奉獻三寶前 願垂哀納受

　다게(茶偈)라고 부르는 이 구절은 삼보에 대한 예경의 표현이다. 더러 차를 올리기도 하지만 대부분 그 도량에서 가장 좋은 물을 쓴다. 담아 올리는 그릇은 다기(茶器). 언제나 향로와 함께 상단의 중심에 올려 놓는다.
　예불뿐만 아니라 모든 불교 의식의 시작은 삼보에 대한 귀의로부터 시작한다. 거룩하신 부처님(佛;Buddha), 거룩하신 가르침(法; Dharma), 거룩하신 스님들(僧;Saṇga)은 불교의 세 기둥으로 대승불교와 소승불교는 물론 다양화된 모든 불교 의식 가운데에서 가장 통일성을 보이는 것이 바로 이 삼보 귀의 사상이다. 불교 신자가 되는 첫걸음은 바로 이 삼보에 대해 귀의하는 것이다.
　예불의 의식은 시대에 따라 조금씩 변화되었다. 요즈음은 다게 대신 오분향례(五分香禮)가 많이 쓰인다. 이 오분향례는 불교 정신의 뼈라고 볼 수 있는 계율의 정신, 삼매의 정신, 지혜의 정신을 향기화(香氣化)한 것인데 여기에 궁극 목표인 해탈과 해탈 지견을 더하여 다섯 가지로 집약, 불교 정신 전체를 드러낸 것이다.

이 오분향례는 불교의 당위성이 요약되었을 뿐 아니라 자주적 성취의 의미까지 내포되어 능동적 분위기를 나타낸다. 오늘날 사찰에서는 거의 다 오분향례를 쓴다. 옛날에는 아침 예불 때 다게를 쓰고 저녁 예불 때는 오분향례를 썼다.

계율의 향기와
삼매의 향기와
지혜의 향기와
해탈의 향기와
해탈 지견의 향기
광명의 구름 되어 법계에 두루두루
모든 곳 한량없이 계시는
거룩한 부처님
거룩한 가르침
거룩한 스님들께 공양하옵나이다.

헌향진언 옴 바아라 도비야 훔

삼계의 큰 스승이시여, 뭇 생명의 어버이시여, 나의 스승이신 석가모니 부처님께 지극한 마음으로 목숨바쳐 절하옵니다.

언제 어디서나 인드라 그물처럼 여러 곳에 항상 계시는 모든 부처님들께 지극한 마음으로 목숨바쳐 절하옵니다.

언제 어디서나 인드라 그물처럼 여러 곳에 항상 계시는 가르침에 지극한 마음으로 목숨바쳐 절하옵니다.

큰 지혜 갖추신 문수사리보살, 크게 나투시는 보현보살, 대자대비 관세음보살, 큰 서원 지장보살, 존경하는 모든 보살들께 지극한 마음으로 목숨바쳐 절하옵니다.

부처님 계실 때 부처님께 직접 가르침 받은 십대 제자와 열여섯 성자와 오백 성자와 홀로 가르침 받은 성자와 천이백 명의 큰 아라한들과 수많은 성스런 자비의 대중들께 지극한 마음으로 목숨바쳐 절하옵니다.

인도로부터 우리나라까지 법의 등불 대대로 이어오신 큰 조사와 천하의 종사와 티끌처럼 많은 큰 선지식들께 지극한 마음으로 목숨바쳐 절하옵니다.

언제 어디서나 인드라 그물처럼 여러 곳에 항상 계시는 모든 스님들께 지극한 마음으로 목숨바쳐 절하옵니다.

끝없는 대자대비로 나의 절 받으사
가피의 힘을 가득 주소서
원컨대 법계의 뭇 생명이 함께
너와 나 한결같이 부처의 길 이루어지이다.

戒香 定香 慧香 解脫香 解脫知見香 光明雲臺 周遍法界 供養十方 無量佛法僧
獻香眞言

옴 바아라 도비야 훔(세 번)

至心歸命禮 三界導師 四生慈父 是我本師 釋迦牟尼佛

至心歸命禮 十方三世 帝網刹海 常住一切 佛陀耶衆

至心歸命禮 十方三世 帝網刹海 常住一切 達磨耶衆

至心歸命禮 大智文殊舍利菩薩 大行普賢菩薩 大悲觀世音菩薩 大願
本尊地藏菩薩 諸尊菩薩摩訶薩

至心歸命禮 靈山當時 受佛咐囑 十大弟子 十六聖 五百聖 獨修聖
乃至 千二百諸大阿羅漢 無量慈悲聖衆

至心歸命禮 西乾東震 及我海東 歷代傳燈 諸大祖師 天下宗師 一切
微塵數 諸大善知識

至心歸命禮 十方三世 帝網刹海 常住一切 僧伽耶衆

唯願 無盡三寶 大慈大悲 受我頂禮 冥熏加被力 願共法界 諸衆生
自他一時成佛道

다게는 물론 오분향례는 오직 선창자만 노래한다. 대중에서는
목소리 청아한 사람이 도맡기도 하지만 강원이 있는 곳에서는 교육
적 측면에서 돌아가며 선창한다. '삼계의 큰 스승이시여…'부터
'…부처의 길 이루어지이다'까지는 대중이 합송한다. 이 예불문은
범성(梵聲)에서 유래하는 사찰 특유의 곡조와 박자를 지닌 장엄하고
장중한 합송으로 이어진다.

경건하고 정성이 가득한 가슴 소리들이 한데 어울려 새벽 산사를
울린다. 누구든 새벽 예불에 참여해 본 사람이라면 예불의 청정함이
풍기는 진면목을 가슴으로 담아낼 수 있다.

발원문(發願文)

발원은 서원을 일으키는 뜻이다. 사사로운 욕망이 아니라 수행의
원력을 성취하려는 것이다. 순수한 갈망에의 의지이다. 그래서 소원
(所願)이 아닌 서원(誓願)이다. 개인적인 욕구가 아니라 나와 이웃

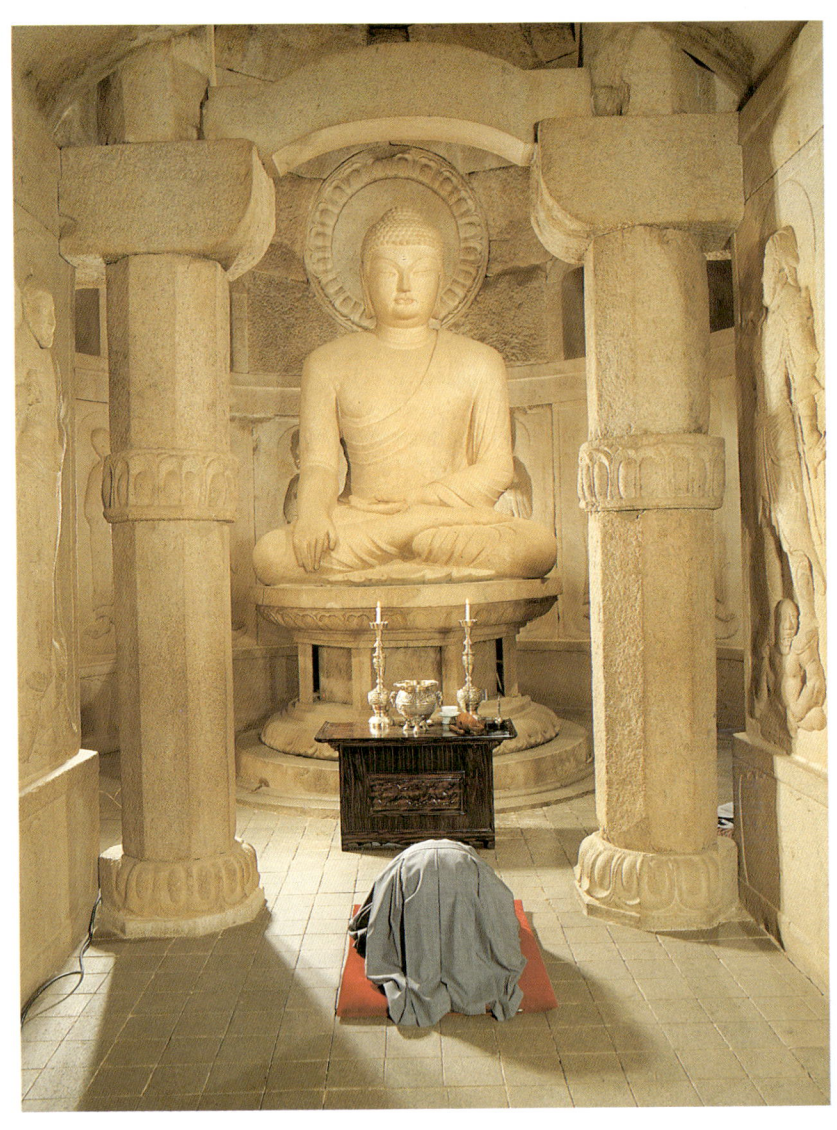

예불 드리는 모습 예불의 변함없는 모습은 역시 절하는 것이다. 두 무릎과 두 팔, 이마를 바닥에 붙이는 오체투지로써 삼보(三寶)에 귀의하는 것이다.(위, 옆면)

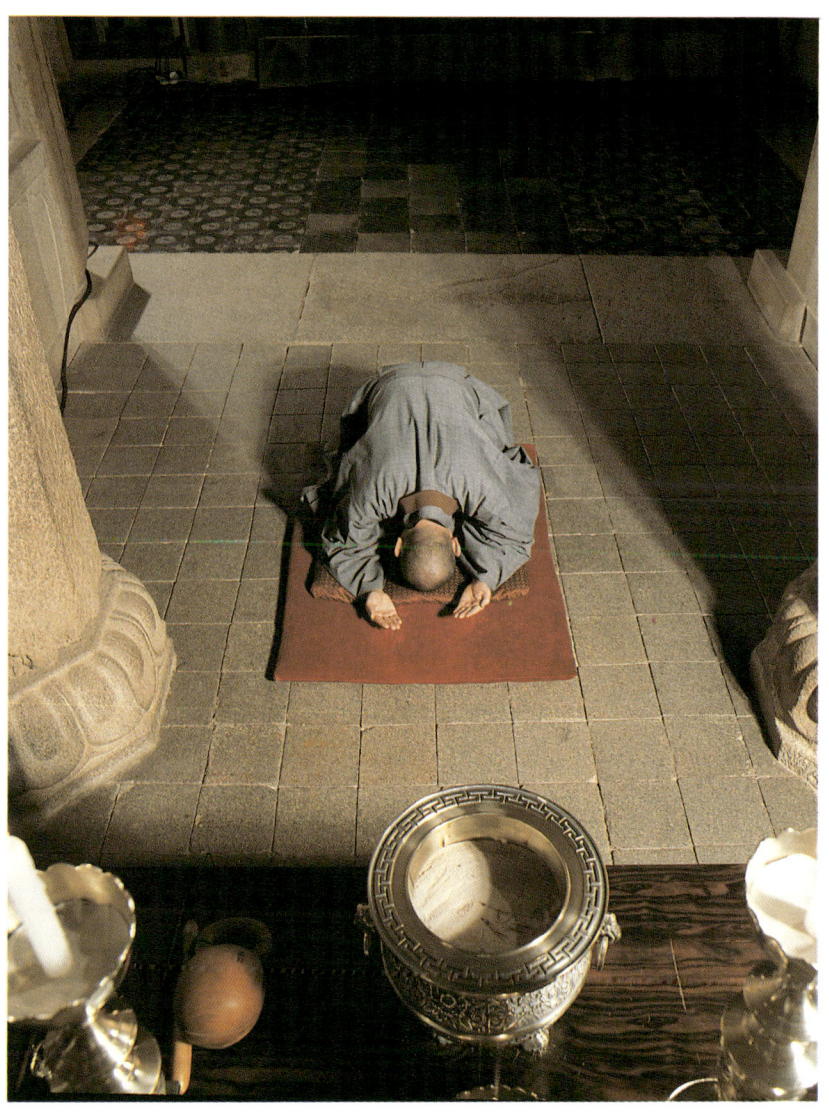

을 함께 사랑하는 열림의 지향이다. 그래서 발원문은 문장 자체가 지극하고 간절하다. 살고 있는 자들뿐 아니라 죽어간 자들을 위해서도 문장을 배려한다. 개인의 행복과 사회 질서의 안녕까지도 간구된다. 발원문을 읽는 사람은 그래서 가장 상수(上首)로 한다. 산중의 어른이 늘 발원문을 읽는다. 작은 절에서는 주지 스님이 읽는다. 큰 행사가 있으면 더욱 그렇다. 발원문은 의식의 직접적인 현실인 것이다.

서원을 일으키는 글

아침이면 아침마다 저녁이면 저녁마다 이렇듯 향 사르고 촛불 켜 거룩하신 부처님과 거룩하신 가르침과 거룩하신 스님들께 지성으로 귀의하옵나이다.

날씨가 순조로워 농사가 풍년들게 하여 모든 이웃이 편안한 생활이 되기를 기도하옵나이다. 나라는 태평하여 모든 계층이 갈등과 반목을 쉬고 서로 양보하고 민족의 숙원인 통일이 민주적 방법으로 성취되기를 간절히 비옵니다. 모든 인종간에 편견을 허물고 분쟁이 종식되는 세계가 이루어져 하나 된 인류의 삶이 펼쳐지기를 원하옵나이다.

원하옵건대 내가 세세생생 태어나는 곳마다 부처님 말씀에 따르고 수행하여 깨달음의 지혜를 성취하여 순간이나마 버리지 않게 하소서. 부처님의 완전한 덕과 문수보살의 지혜와 보현보살의 실천과 관음보살의 대자대비를 몸소 행하게 하소서.

언제 어디서나 내 이름을 듣거나 내 모습을 보는 이는 고뇌에서 벗어나 깨달음의 지혜를 얻어 나와 이웃을 위해 일하는 사람이 되기를 원하옵니다.

오랜 옛날부터 나의 부모 되고 형제 되고 친척 되고 벗이 된 저 영혼들의 공덕을 기리고자 합니다. 나라 위해 세계 평화 위해

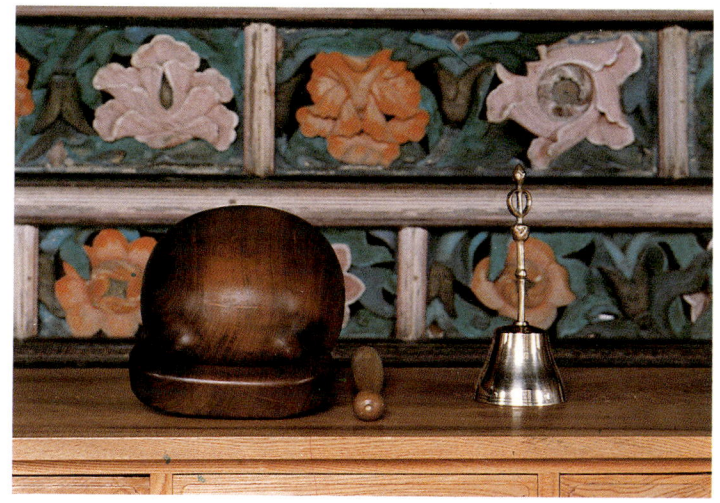

목탁과 요령   스님들이 가장 가까이에 놓고 사용하는 법구이다.

전쟁에서 사라진 영혼들을 어루만지기를 원하옵니다. 머문 곳
없이 떠도는 외로운 혼들이 부처님의 이름으로 천도되기를 원하
옵니다.

나와 이웃 모두 함께 편견과 아집과 아만과 어리석음의 온갖
무명을 깨달음의 지혜로 허물고 밝고 복된 삶 이루어지기를 원하
옵니다.

부처님 부처님 우리의 스승 부처님.

발원문이 낭독되는 동안 대중은 목탁에 맞추어 세 번의 절을 드린
다. 발원문 낭독은 언제나 혼자 한다. 발원문이 끝나면 신중단을
향하여 「반야심경」을 봉독한다. 신중단은 불교를 수호하는 신장들을
모신 곳이다. 그들의 업무는 수행보다 호위 업무이다. 「반야심경」
의 봉독은 경전을 읽는다는 뜻도 있지만 부처님의 위신력으로 대신
설한다는 의미가 짙다.

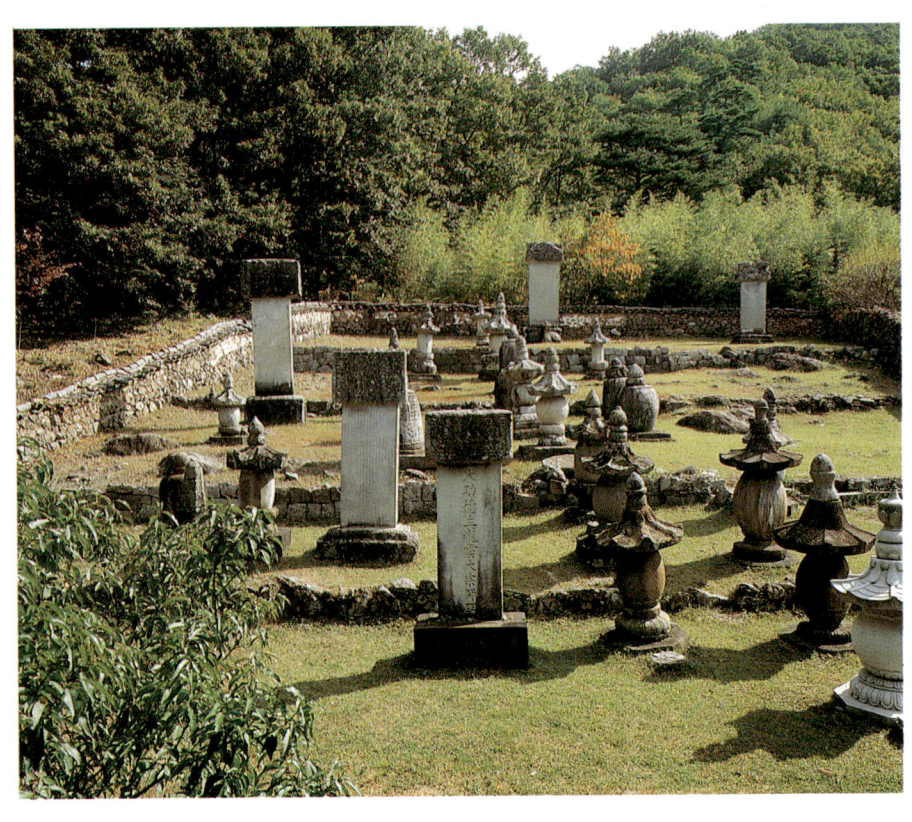

부도 고승(高僧)들의 사리와 유골을 넣은 많은 부도들이다. 절의 역사를 기록한 사적
비나 개인의 행장을 기록한 비명도 많다.

260자로 된 짧은 이 경전은 한문 문화권에 전해진 그 어떤 경전보다도 널리 읽히고 사랑받는다. 600부 「대반야경」의 뜻이 간결한 함축으로 전해진 「반야심경」의 봉독이 끝나면 대중들은 목탁에 맞추어 어간(법당의 정면 중앙 자리)의 조실석을 향해 반배(엎드리지 않고 서서 하는 절)를 드린다. 아침 인사의 뜻도 있지만 대중을 이끄는 법력에 대한 존경과 감사의 뜻이 있다.

반야심경(般若心經)

관자재보살이 깊이 반야바라밀다를 실천할 때 오온이 끝내 텅 비었음을 비춰 보고 모든 이들의 고통을 건지게 되었다.

사리자여, 있는 것은 없는 것과 다르지 않고 없는 것은 있는 것과 다르지 않다. 있는 것은 곧 없는 것, 없는 것은 곧 있는 것이다. 느낌이나 생각, 행위나 의식도 마찬가지이다.

사리자여, 모든 법은 텅 빈 모양이다. 불생 불멸, 불구 부정, 부증 불감이다. 텅 빈 가운데는 사물과 느낌이나 생각, 행위나 의식도 없다. 눈이 보는 사물의 세계, 코가 맡는 냄새의 세계, 귀가 듣는 소리의 세계, 혀가 보는 맛의 세계, 피부가 느끼는 접촉의 세계 의식이 자각하는 인식의 세계도 없다. 무명도 없다. 무명을 없애야 할 것도 없다. 늙음과 죽음도 없다. 늙음과 죽음을 초월할 필요도 없다. 괴로움이 모이고 없어지는 길도 없다. 지혜도 없고 얻을 수 있는 것도 없고 얻어진 것도 없다. 깨달음을 향해 가는 사람들은 이 빈야바리밀다에 의지하기 때문에 마음의 장애가 없다. 장애가 없기 때문에 공포가 있을 수 없다. 전도몽상을 떠나 끝내 열반이다. 삼세의 모든 부처님들도 반야바라밀다에 의지하여 최상의 지혜를 얻었다. 그러므로 알라. 반야바라밀다는 큰 신의 주문이며, 큰 밝음의 주문이며, 위 없는 주문이며, 평등의 주문이다. 능히 모든 괴로움을 없앤다. 헛됨 없는 진실 그러므로 반야바라밀다 주라고 말한다.

곧 주문으로 말한다.

건너가는 이여

건너가는 이여

저 언덕을 건너가는 이여

저 언덕을 다 건너가신 이여

지혜 이루어지이다.

觀自在菩薩 行深般若波羅蜜多時 照見五蘊皆空 度一切苦厄 舍利子
色不異空 空不異色 色即是空 空即是色 受想行識 亦復如是 舍利子
是諸法空相 不生不滅 不垢不淨 不增不減 是故 空中無色 無受想行識
無眼耳鼻舌身意 無色聲香味觸法 無眼界 乃至 無意識界 無無明 亦無
無明盡 乃至 無老死亦無老死盡 無苦集滅道 無智亦無得 以無所得故
菩提薩埵 依般若波羅蜜多故 心無罣碍 無罣碍故 無有恐怖 遠離顚倒夢
想 究竟涅槃 三世諸佛 依般若波羅蜜多 故得阿耨多羅三藐三菩提 故知
般若波羅蜜多 是大神呪 是大明呪 是無上呪 是無等等呪 能除一切苦
眞實不虛 故說 般若波羅蜜多呪 即說呪曰

아제 아제 바라 아제 바라승아제 모지 사바하(세 번)

선방(禪房)의 예불

수행자들이 모여 사는 곳이 절이다. 하는 일이 있으면서도 분주하지 않고, 늘 치열한 자기 생활 속에서도 한가함이 떠나지 않는 곳이다. 그 가운데에서도 특히 선방은 엄숙한 고요와 빈틈없는 내면 생활로 가득한 곳이다.

꼭 그런 원칙이 지켜지는 것은 아니지만, 선방은 경전 공부를 끝마친 스님들이 가는 곳이다. 사교 입선(捨敎入禪;교리를 끝내고 참선한다)이 그것이다.

선(禪)은 드야나(Dhyana)의 번역이다. 정려(靜慮) 또는 사유수(思惟修)로 번역한다. 넓은 의미로 사고의 범주를 지칭하기도 해서 많은 뜻을 지니고 있다.

선의 수행 방법은 남전과 북전에서 한결같이 발달했고 또 융성한 교세로 확장되어 찬란한 선문화가 불교사를 장식하고 있다. 남전에서는 「염처경(念處經)」에 의한 비파사나(Vipaśyanā;觀法)가 주류를 이루고 북전에서는 묵조선(默照禪)과 간화선(看話禪)이 서로 대립하며 계승되어 왔다.

관법과 묵조선과 간화선이 모두 한 뿌리요 실제 수행에 들어가면 서로 혼용되는 점이 적지 않다. 비파사나는 호흡의 관찰로 시작한다. 묵조선은 번뇌를 잊고 잠재우려는 것으로 시작한다. 간화선은 거두절미 화두(話頭)를 받으면 실참(實參)이 된다.

우리나라는 간화선을 선의 바른 길로 삼은 전통을 지금도 지켜오고 있다. 혜능(慧能) 이후 중국의 선종은 오가종풍(五家宗風)으로 활발해졌다. 오가의 종풍에서는 임제(臨濟)종의 영향이 두드러진다.

임제종을 형성한 마조→백장→황벽→임제 들은 간화선의 중심 사상을 배태한 선의 거장들이다. 이들의 투철한 수행과 교화에 의해 간화선의 화두 참구가 불법의 심오한 사상을 여실히 깨달을 수 있는

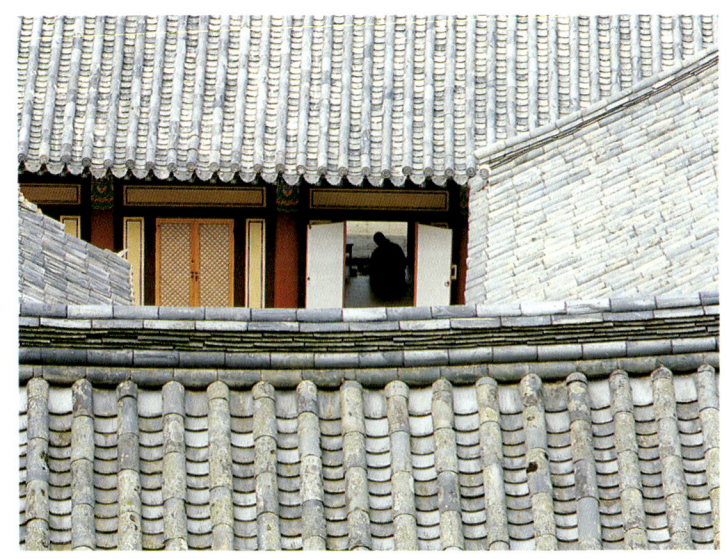

선방 생활 선방에서는 수십 명의 납자들이 움직여도 문 여닫는 소리 잠시잠시 날 뿐 조용한 움직임들이다.

가장 정전(正傳)으로 인식되었다.

중국 선종의 거두 혜능에게 남악회향이라는 덕 높은 선객이 있었다. 그 밑에 마조라는 젊은 선객이 있었다. 빈틈없는 용기로 치달리기만 하는 그의 정진을 지켜보던 어느날 남악회향은 좌선하고 있는 마조 옆에 다가와 기왓장을 갈기 시작했다. 궁금히 여긴 마조가 물었다. "기왓장을 갈아 무엇에 쓰시렵니까" "응, 거울이나 만들어 볼까 해서" "기왓장을 갈아 거울을 만드신다고요" "좌선해서 부처 되려고 하는 것보다 쉽지 않겠나" 마조는 좌선을 풀고 스승 앞에 무릎을 꿇었다. 활은 쏘기 위해 잡아당기는 법, 마조는 당기기만 하고 있었던 것이었다. 남악회향은 말했다. "수레가 가지 않으면 소를 때려야 하나 수레를 때려야 하나" 이 말에 마조는 할 일을 마쳤다. 그는 천하의 선지식이 되었다.

남악회향은 가고 마조의 회상이 열렸다. 그 밑에 백장이 있었다. 몹시 신중하고 검소한 백장은 근면했다. 늘 마조를 모시고 다녔다. 어느 늦은 가을 그들은 양자강을 지나게 되었다. 갈대밭을 누비며 기러기가 날아가고 날아오고 했다. 뒤를 따르던 백장이 무심코 뇌까렸다. "와, 기러기가 날아간다." 그 순간 지체없이 돌아선 마조가 백장의 코를 잽싸게 후려쥐고 말했다. "말해 봐라, 말해 봐라. 지금도 기러기가 날아가느냐" 백장은 아프기도 하고 어리둥절하기도 해서 머뭇거렸다. 마조는 그의 귀에 대고 "악" 하고 고함을 질렀다. 백장은 혼비백산했다. 절에 돌아온 백장은 섧게 울었다. 대성통곡이었다. 도반들이 물었다. "스승님께 꾸지람 들었나" 백장은 고개를 끄덕였다. 도반들은 조실을 찾아뵀다. 자초지종을 알기 위해서였다. 그러나 마조는 "백장이 알거야" 했다. 그들은 다시 백장에게 왔다. 그러나 백장은 가가대소하며 방안을 뒹굴고 있었다. 도반들은 무슨 영문인지 알 수가 없었다. 백장은 뒷날 이렇게 말했다. "나는 스승의 고함소리에 3일 동안이나 귀를 먹었다"

하루 일하지 않으면 하루 먹지 않는다는 총림의 시조 백장은 그렇게 탄생되었다. 백장은 대중을 거두는 덕화가 있었다. 농선일여(農禪一如)를 실행한 최초의 선지식이기도 했다. 대중 생활의 기초가 된 청규를 확립한 분이다.

마조도 가고 백장의 시대가 되었다. 마조를 뵙기 위해 길 떠난 선객이 한철 지내게 되었다. 백장은 그에게 마조는 이미 열반했다고 알려 줬다. 그는 백장에게 물었다. "마조는 사람을 어떻게 가르쳤습니까" 백장은 양자강 강변의 기러기 사건을 얘기해 줬다. 얘기를 듣고 난 그는 놀란 나머지 혀를 길게 빼고 집어 넣지 못했다. 그의 혀는 3일 동안이나 빠진 채로 있었다. 이것이 유명한 황벽토설(黃檗吐舌 ; 황벽이 혀를 빼물다)이다. 황벽은 백장의 담금질에 의해 대기대용(大機大用)의 종장으로 성장했다.

나한전의 나한상들 부처님
의 십대 제자를 비롯하여
부처님 당시 성스런 아라
한을 모신 곳이 나한전이
다. 그곳 나한상들의 모습
과 표정을 보면 바로 지금
수행하는 스님들을 보는
듯 생생하다.(오른쪽, 아
래)

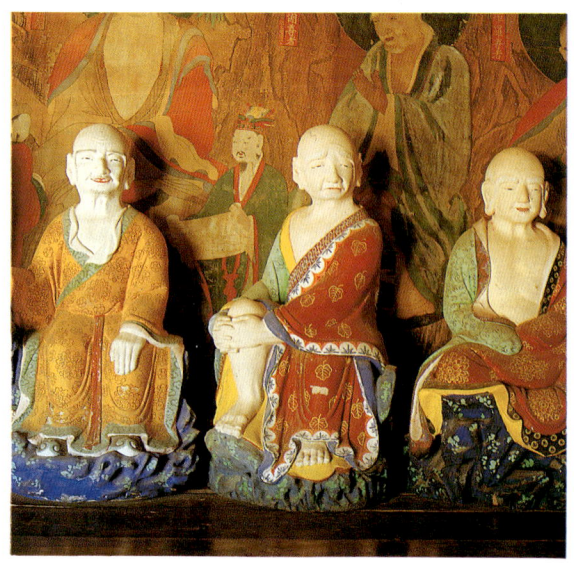

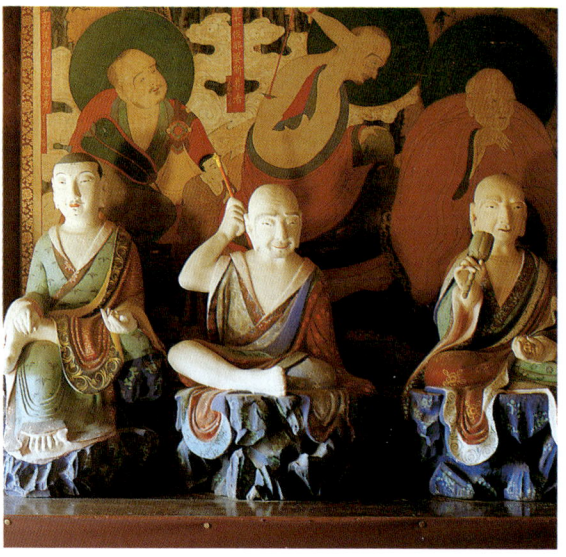

백장은 가고 황벽의 회상이 열렸다. 황벽에게는 진존숙이라는 튼튼한 도반이 있어 선방을 맡고 있었다. 누군가가 무르익으면 뽑아 올려 황벽에게로 보내곤 했다. 그러면 황벽은 어미닭이 병아리를 쪼듯 점검을 했다.

　임제도 진존숙의 명에 의해 황벽에게 나아갔다. 그러나 황벽은 질문하는 임제의 뺨을 호되게 후려치며 되돌려 보냈다. 이러기를 세 차례, 묵묵히 참고 견디던 임제는 드디어 떠날 결심을 했다. 하직 인사를 드리는 임제에게 황벽은 던지듯 말했다. "이놈아, 가려거던 저 고안 나루터의 대우 선사에게로나 가거라" 고지식한 임제는 지시대로 고안 나루터의 대우에게로 갔다. "그대는 어디서 오나" "예, 황벽 회상에서 옵니다" "황벽이 뭐 어쨌길래" 임제는 자초지종을 말했다. 대우가 박장대소하며 "아니 황벽이 그토록 자세하게 일러 줬는데도 여기까지 오다니 이 오줌싸개 녀석아" 임제는 이 말에 활연 대오했다. 너무 기쁜 나머지 그는 대우의 옆구리를 세 번이나 쥐어박았다. 황벽에게 돌아온 임제의 기세는 우리를 뛰쳐나온 호랑이와 같았다. 황벽은 그런 임제에게 호랑이의 수염을 잡은 사나이라는 별명을 붙여 주었다. 황벽에 의해 임제는 선의 장군으로 다듬어졌다. 임제의 서슬 푸른 할(喝)과 방(棒)은 그렇게 영글었다.

　선은 그 어떤 것에도 의지하지 않는다. 사상이나 논리의 저편, 그 무엇을 추구한다. 세계 안의 세계, 마음 속의 마음이라고 할까. 그래서 이렇게 말한다. "크게 의심하라(大疑團), 크게 용맹하라(大勇猛), 크게 마음내라(大賁心)"고.

　몹시 위험한 노릇인 줄 알면서도 선지식들은 참선 기간에는 부처님이 설한 경전까지도 읽지 못하게 한다. 경전의 가치를 적대시한 것이 아니라 경전의 문자에 매달려 의리화(義理化)한 것을 경계한 때문이다. 발가벗은 채로 인간의 진면목을 캐어보고, 깊고 높은 이상의 탐험, 큰 진리의 세계를 체험하려는 것이니 각오인들 오죽하랴.

그래서 이 길을 출가장부의 길이라 불렀던가.

주어진 것은 화두뿐, 붙들 수 있는 것은 오직 정진의 힘뿐이다. 이 세계 이 하늘 아래 자기 자신의 몸 하나로 우주와 맞서 있는 장엄한 아름다움 때문에 수행 중에도 참선의 수행 공덕이 가장 크다. 때문에 참선에 임하는 선객들의 진지한 모습은 용기를 뛰어넘어 처절함마저 감돈다. "길에서 깨달은 사람 만난다면 참수된들 어찌 죄를 물으리(路峯達道人 斬首有罪阿)"라고 했다. 이것이 바로 백척간두에서 진일보해야 하는 공부인의 자세다.

선방 생활은 군더더기가 없다. 말은 극도로 삼가고 글 쓰는 일, 책 보는 일은 모두 금지된다. 먹고 자는 일 밖의 모든 잡무는 가장 검소하고 간편하게 해결한다. 모든 생활은 좌선을 위주로 짜여져 빈틈없이 진행된다. 사시 마지(11시에 부처님께 점심 공양 올리는 일)를 제외하고는 예불도 큰법당에 나가지 않고 선방에서 간단히 한다. 선창이나 염송은 물론 독경도 없다.

산사에서도 선방은 가장 늦게 자고 제일 먼저 일어난다. 새벽 목탁 소리 울리자마자 선방은 제일 먼저 불을 켠다. 이불을 개고 목침을 거두어 벽장에 넣고 오줌 누고 냉수 마시고, 문 열어 방 쓸고 공기를 바꾼 다음 정돈하고 앉는다. 수십 명의 납자들이 움직여도 일사불란해서 문 여닫는 소리 잠시잠시 날 뿐 조용한 움직임들이다. 새벽 목탁이 아직 도량을 반쯤 돌았는데 가사 장삼 수하고 자기 자리에 그림처럼 앉아 있다.

산사 고요한 밤 말없이 좌선한다
적적요요타 본래 자연인
무삼 일 서풍은 동쪽 숲을 흔드느뇨
찬 기러기 울음 소리 장천의 눈물인가.

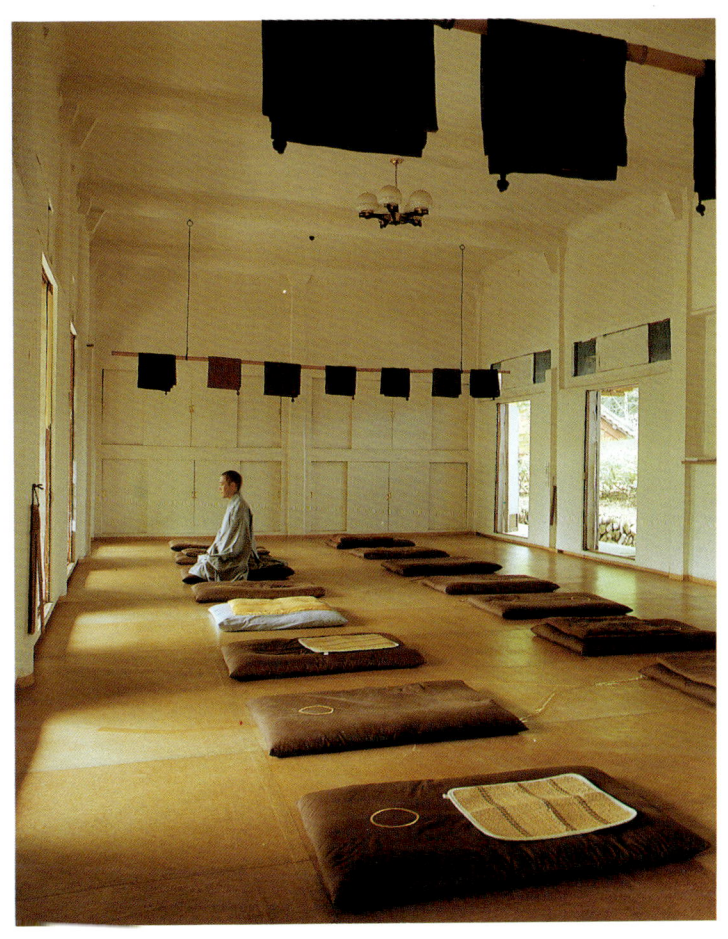

선방의 예불 선방의 모든 생활은 좌선을 위주로 짜여져 빈틈없이 진행된다. 점심 마지를 제외하고는 예불도 큰법당에 나가지 않고 선방에서 간단히 한다.

범종, 법고, 목어, 운판 등 사물이 한바탕 법석을 열고 나면 큰 법당에서 작은 종 다섯 망치가 운다. 이윽고 선방의 입승 손에서 죽비가 세 번 울린다. 그 소리에 대중은 그림처럼 일어난다. 죽비에 맞추어 절 세 번, 시방 삼세의 부처님과 시방 삼세의 가르침과 시방 삼세의 스님들께 드리는 예불이 끝난다. 가사 장삼 거두어 대에 걸고 자리에 앉는다. 몸을 앞뒤로 두어 번 흔들고 좌정한다. 언제나 그랬던 것처럼 화두에 몰입한다.

작은 법당들의 예불

사찰에는 작은 법당들이 많다. 관음전, 지장전, 약사전, 영산전, 나한전이 있는가 하면 칠성각이 있고 산신각이 있고 조사 영각이 있다.

관음전은 관세음보살을 모신 곳, 지장전은 지옥 중생을 제도하는 지장보살이 계신 곳, 약사여래는 약사전에 계신다. 부처님 당시를 회상하여 영산회상 탱화와 함께 따로 부처님을 모신 곳이 영산전, 부처님을 직접 모시고 다니던 십대 제자를 비롯하여 당시의 성스런 아라한을 모신 곳이 나한전이다. 칠성과 산신은 원래 민간의 토속신이었는데 언제부턴가 슬그머니 불교에 흡수되어 한자리 차지하고 있다. 오는 사람 막지 않고 가는 사람 붙잡지 않는 것이 절 인심인데 그래서 그럴까 오는 토속신 막지 않고 받아들이고 있다.

조사 영각은 덕 높은 스님들을 기념하여 모신 곳이다. 사찰의 위상에 따라 조사전, 국사전, 영각 등의 많은 이름이 있다. 이 작은 법당들은 각단(各壇)이라 통칭한다. 물론 조석 예불도 극진하게 모신다.

아침 예불은 큰법당의 예불이 끝나고 맡은 소임자가 있어 각각

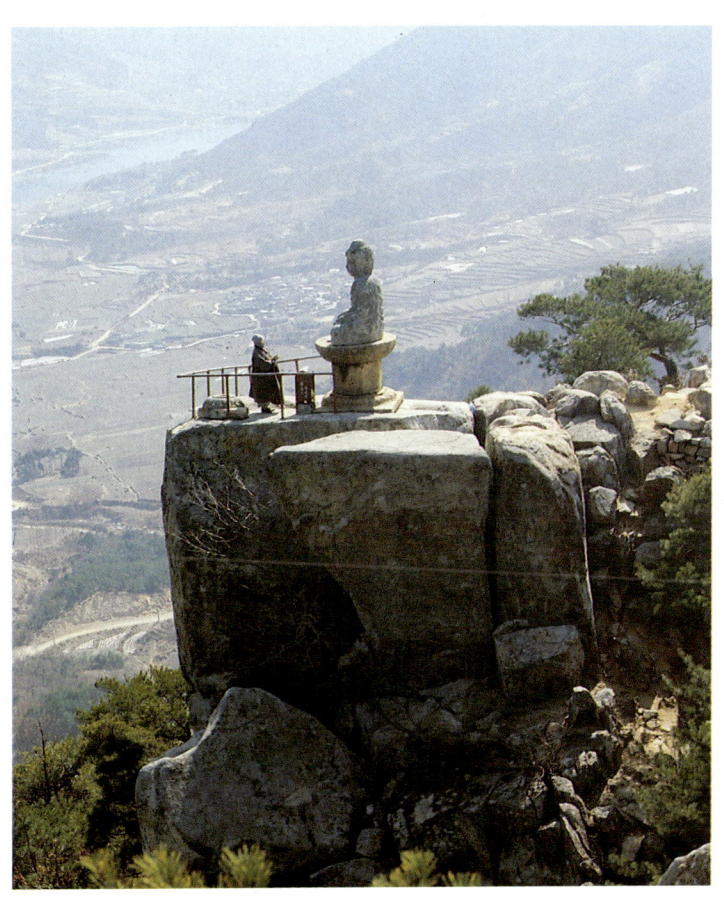

각단 예불 사찰에 있는 작은 법당들을 각단이라 하는데 법당 안이 아닌 밖에서 예불을
드리도록 되어 있는 경우도 있다.

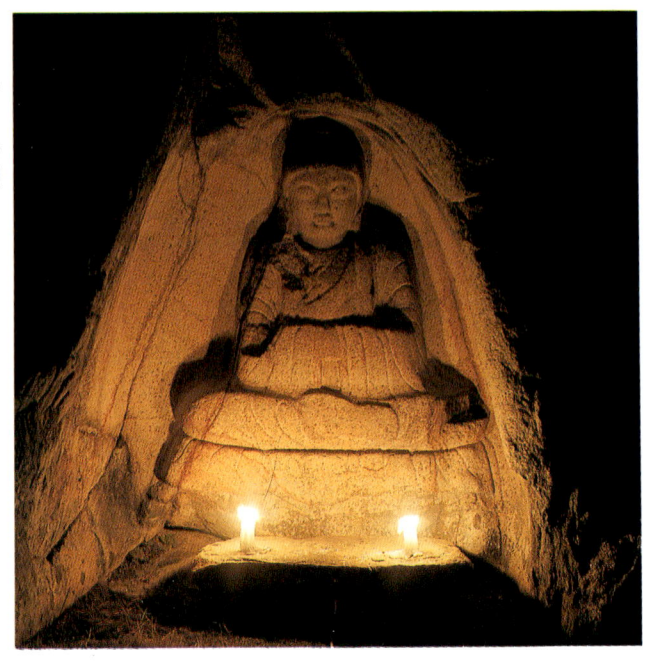

작은 **법당들의 예불** 큰법
당에서의 예불과는 달리
각단의 예불은 소임자 단
독으로 행해지기 때문에
예불 받는 대상과 드리는
수행자 사이에 특별한 친
교가 이루어진다.

행해지며 저녁 예불은 큰법당 예불이 시작되기 전에 마치고 큰법당
예불에 동참한다.

예불문은 각단의 정신에 맞도록 시설되어 있다. 처음 출가자는
그 절이 소유한 각단의 수만큼의 예불문을 암송해야 한다. 그것도
일종의 공부, 옛 조사의 공덕을 기리는 일 또한 수행의 철저를 기하
는 중요한 요소이거늘.

큰법당의 예불과는 달리 각단에서의 예불은 소임자 단독으로
행해지기 때문에 예불 받는 대상과 드리는 수행자 사이에 특별한
친교가 이루어진다. 때문에 일정 기간 스스로 특별한 전각의 소임을
자원하는 경우가 있다. 특히 관음전, 나한전, 지장전의 소임은 지원
자가 끊이지 않는다.

후원(後院)

새벽 예불이 끝나면 4시쯤 된다. 아침 공양은 6시 10분 전에 종을 치니까 1시간 50분 성노가 아침 정진 시간이다.

선방에서는 시간이 되는 대로 좌선이 계속된다. 강원 학인들이 기거하는 큰방에서는 오늘 받을 강의의 예습 때문에 글 읽는 소리가 낭랑하다. 종무소 소임자들은 아침 공양 뒤 바로 시작되는 종무 회의의 안건을 정리하느라 분주하다. 모든 뒷방에 불이 켜진다. 조용하게 바쁜 시간이 바로 예불 뒤 아침 공양까지이다.

그러나 정작 바쁜 곳이 있다. 바로 후원(後院)이다. 공양을 준비하는 곳이다.

후원의 책임자는 원주(院主) 스님이다. 사찰의 먹이를 저장하고 갈무리하고 장만하는 모든 일을 총괄하고 행자의 교육, 왕래하는 손님의 접대, 기타 대소 행사의 준비 등등 사찰 안살림의 핵심이다. 원주 밑에 별좌(別座)가 있어 행자를 통솔하고 원주를 돕는다. 그 밑의 소임으로는 밥을 짓는 공양주, 국을 끓이는 갱두, 반찬을 만드는 채공, 상을 보는 간상 등이 있어 각각 역할을 분담한다. 쌀이 귀한 옛날에는 미감(米監)이라는 소임이 있어 쌀의 출납을 맡았는데 지금은 그런 소임은 없어졌다. 쌀이 흔하고 사원의 경제가 바깥 경기에 따라 한결 나아졌기 때문이다.

후원을 돕는 소임에는 ·채소를 가꾸는 원두(園頭)와 농삿일을 맡아 하는 농감(農監) 그리고 나무해 오는 부목이 있지만 이들은 종무소의 소임이지 원주의 관할 사항은 아니다. 원주나 별좌는 스님이 맡는다. 공양주 이하 채공까지는 발심하여 출가했으나 아직 수계를 남겨 놓고 있는 행자들이 맡는다. 행자가 없는 작은 선원이나 강원에서는 모두 스님들이 소임을 나누어 한다.

후원 생활의 수도 정신은 하심(下心 ; 마음을 낮추어 씀)이 근본이다. 하는 일이 고되고 또 일상으로 반복되기 때문에도 그렇지만 남을 위해 밥을 짓고 반찬을 만들고 먹고 난 그릇을 치우다 보면 싫음과 게으름이 없지 않기 때문이다. 사찰의 생활 관습을 익히고 살림의 모습을 체험하며 남을 위한 봉사와 희생 그리고 궂은 일을 참고 견디며, 시주의 물건을 절약하고 아껴 쓰는 훈련, 이것이 후원에서 행자를 두어 습의(習儀)케 하는 목적이다.

행자의 수련 기간은 대개 일 년 정도이다. 이 기간에는 봄이면 나물을 캐서 국거리를 장만하거나 채소를 뿌리고 가꾸는 일, 여름이면 푸성귀 무침이나 떨어진 김장을 대신하여 미역 냉채나 깻잎, 콩잎, 장아찌로 밑반찬을 놓는 일, 가을이면 김장하고 메주 만들어 말리고 띄우는 일, 채소 일변도의 식탁을 꾸며 대중들의 정진에 틈이 없도록 건강을 보살필 줄 아는 여력을 키워야 한다. 그 사이 「천수경」을 외우고 각단의 예불을 익히고 불공하는 법을 배운다. 그리고 나서 배우는 것이 「사미 율의(沙彌律儀)」와 「초발심자경문(初發心自警文)」이다. 「사미 율의」는 출가 수행하는 사미가 지녀야 할 열 가지 근본 계율을 설한 것이다. 「초발심자경문」은 보조 스님과 원효 스님과 야운 스님의 글이 한 편씩 들어 있는 초보자의 필독서로서 중이 되려면 누구든지 배워야 하는 과정이다.

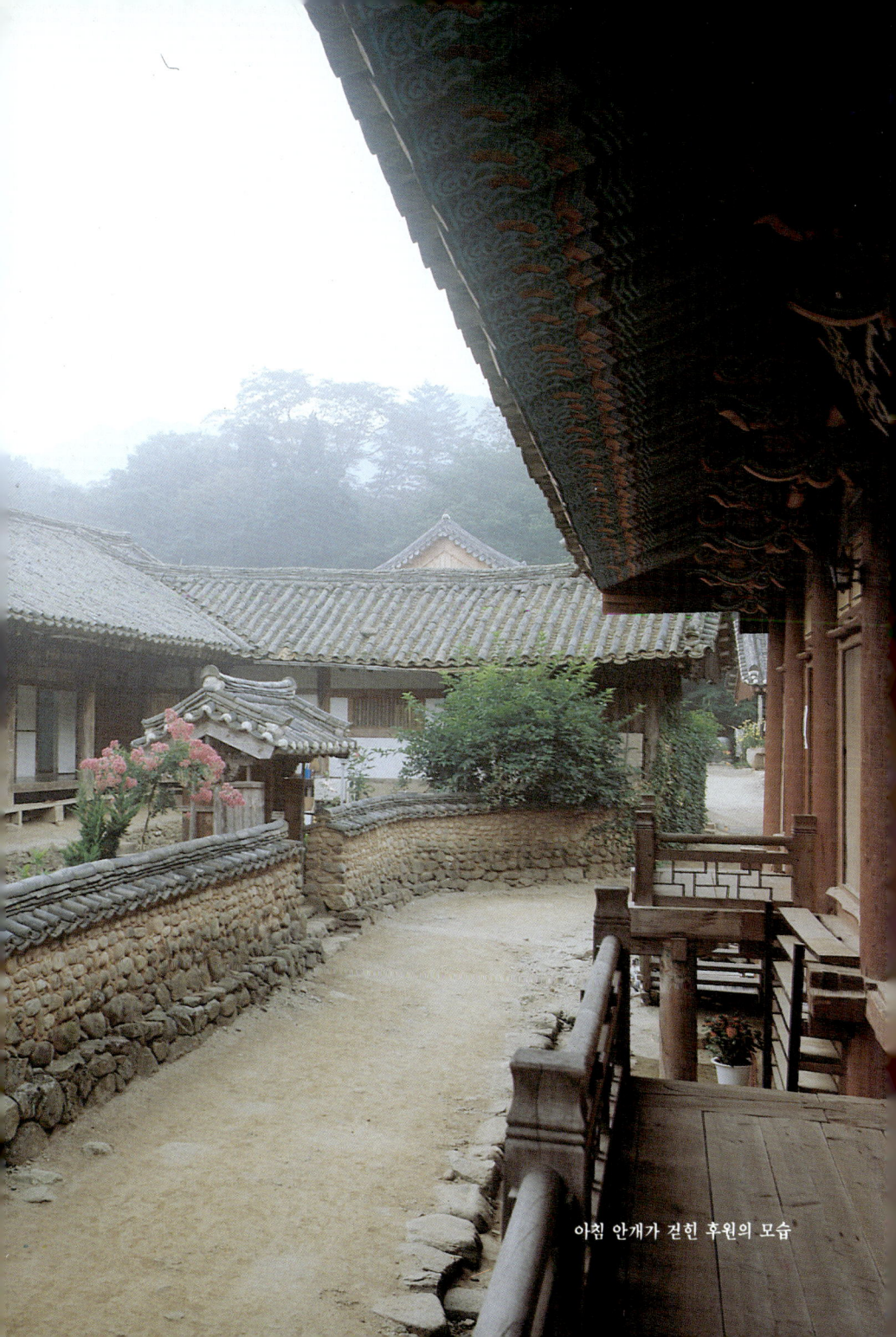

아침 안개가 걷힌 후원의 모습

    대저 처음 발심하여 출가한 사람은 악한 벗을 멀리하고 좋은 벗을 가려 사귀어야 한다. 오계와 십계를 받아 잘 지켜야 한다. 산문 밖을 출입할 때는 반드시 소임자에게 거처와 용무를 알릴 것이며 6일이 아니면 세탁하지 말고 큰 소리로 침 뱉지 말고 도구를 쓸 때 조용조용하게 하고 물건을 사용할 때 검소하고 절약하되 늘 만족하게 여기라. 오래 있었다 하여 새로 온 이를 업신여기지 말라. 예를 받는 부처님과 예를 하는 그대 자신이나 모두 참된 성품의 연기법(緣起法)으로부터 시작되었다. 몸과 마음으로 그것을 감응(感應)하라. 진리는 그대의 그림자와 메아리이다.(「초발심자경문」에서)

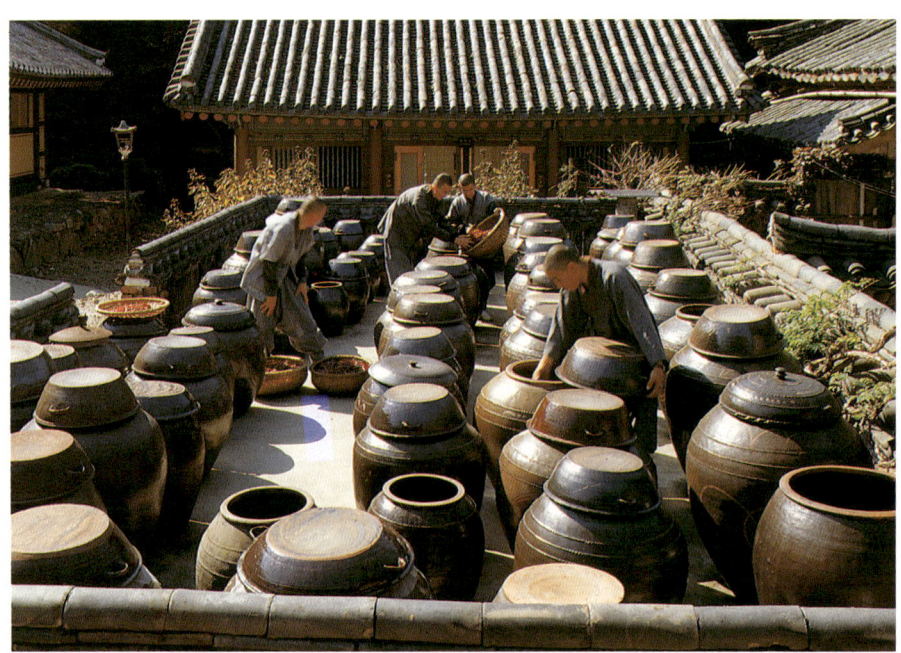

후원의 장독대　후원은 사찰 안살림의 핵심이다. 원주 스님을 책임자로 하고 그 밑에 별좌가 있어 행자를 통솔하고 원주를 돕는다.

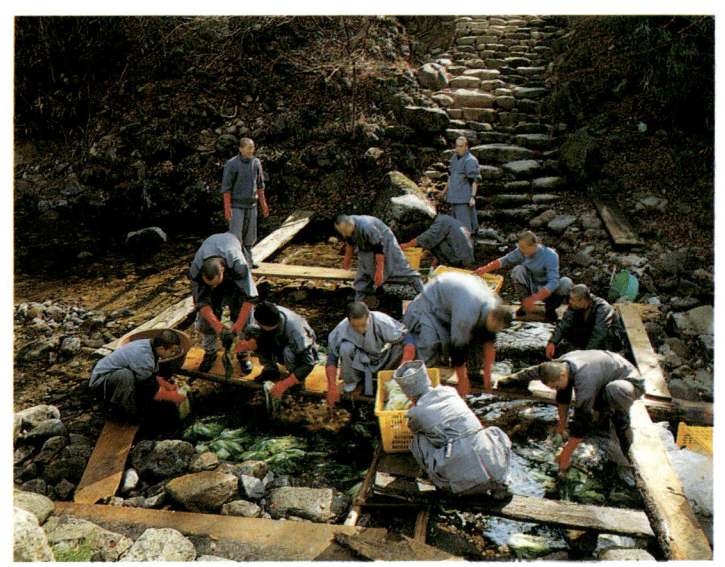

김장하는 모습 대중 처소에는 반찬을 만드는 채공이 여럿이다. 겨울에는 김장과 밑반찬을 주로 하여 간편하지만 봄, 여름, 가을에는 푸성귀로 찬거리를 만들기 때문에 눈코 뜰 새 없이 바쁘다.

간상 행자는 "또르락 딱 딱" 하는 작은 금속성 소리를 내며 젓가락을 맞추고 수저를 고른다. 큰스님의 어간상이며 큰방에 들어가는 찬상을 정갈하게 준비하고 객실과 후원의 파악된 인원수에 맞게 상을 놓고 식탁을 준비한다.

대중 처소에는 채공이 여럿이다. 겨울이면 김장과 밑반찬을 주로 하기 때문에 간편하시만 봄, 여름, 가을에는 철따라 나오는 나물이나 푸성귀로 식단을 짜기 때문에 씻고 썰고 데치고 무치고 양념해야 하는 일이 많다. 특히 결제가 시작되어 대중의 수가 많아지고, 대중 공양이다, 큰 법회다 해서 산중이 모여 공양이라도 하는 날은 그야말로 바쁜 것이 후원이고 특히 채공들은 눈코 뜰 새 없이 바빠서 불알에 요령 소리가 난다.

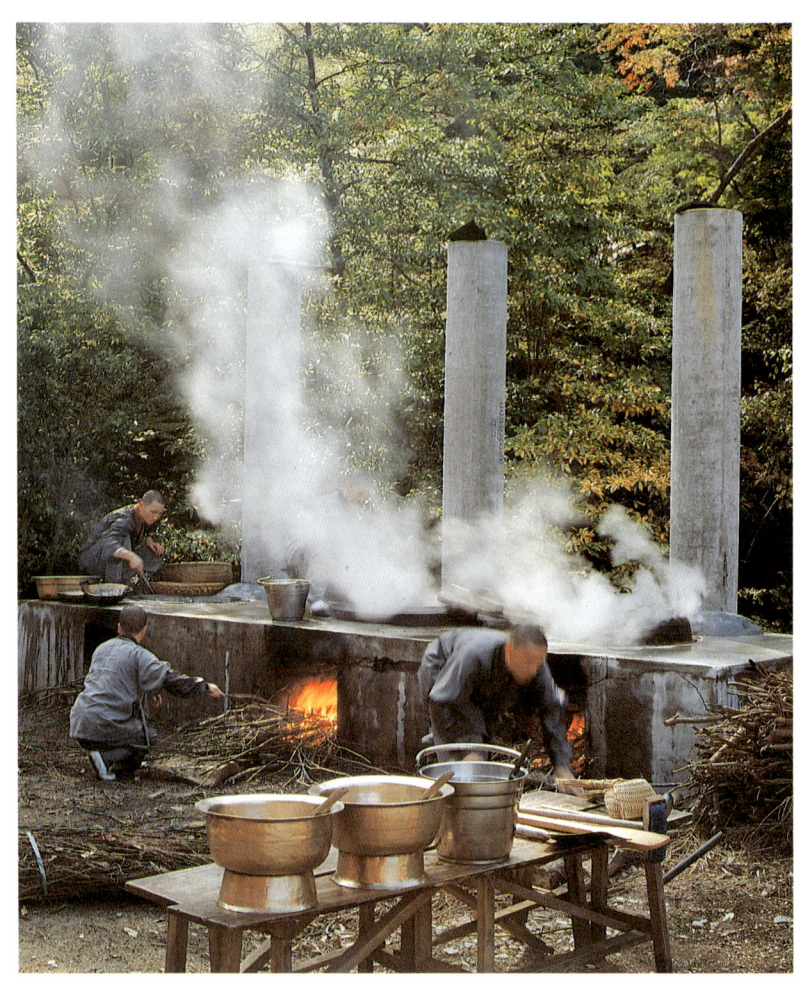

후원의 밥 짓는 모습 밥을 짓는 사람을 공양주라 하는데 행자의 최고참이 맡는다.

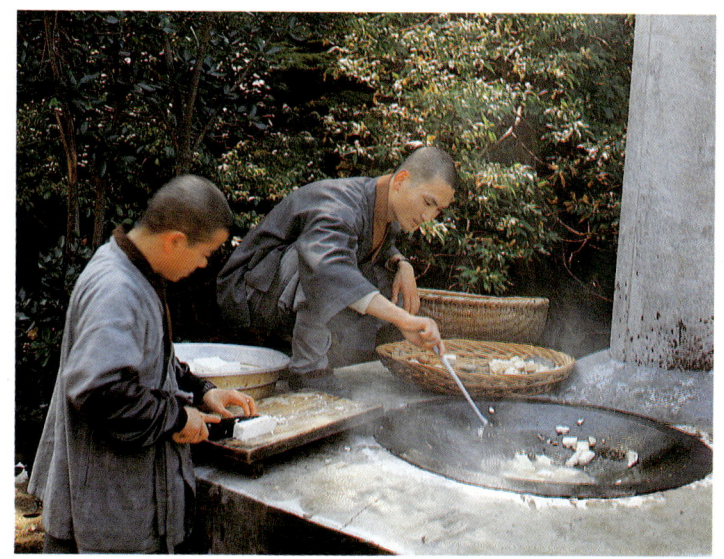
반찬을 만드는 모습 후원에서는 특히 반찬을 만드는 채공이 제일 바쁘다.

잡채에 쓰는 표고버섯 불려 알맞게 찢어야지, 시금치 적당히 데쳐 물 빼 놔야지, 우엉 썰어 쪼갠 뒤 으깨지지 않게 칼등으로 두드려 양념해서 구워야지, 두부 썰어 기름에 노릇노릇 튀겨야지, 콩나물 다듬어 삶아 물 빼야지, 기름 발라 소금을 뿌려 재워 놓은 김도 약은 불에 구워야 한다. 어디 그것뿐인가. 겨울에는 무 썰어 생채를 만들고, 봄에는 나물 캐서 부쳐 올려야 하고 여름에는 싱추쌈과 상추 생절이를 준비하고 가을에는 속 좋은 배추쌈으로 대중들의 밥맛도 돋울 줄 알아야 한다.

국 끓이는 소임의 갱두는 어떤가. 음식은 정성이라 했다. 하나하나가 수행이요 정진이다. 시래기국 끓일 때는 전심 전력으로 시래기국을 끓여야 하고 무국을 끓일 때는 전심 전력으로 무국을 끓여야 한다. 국 끓일 때는 국 끓이는 일밖에 다른 일이 있을 수 없다. 국맛이 곧 공부의 깊이다. 결코 다른 일이 아닌 것이다.

옛날에 공부가 깊은 선사가 있었다. 먼 곳에서 그를 만나기 위해 두 명의 선객이 산을 올라오고 있었다. 그들은 지친 나머지 계곡에 발을 담그고 잠시 쉬고 있었다. 그때 계곡 위쪽에서 푸른 채소잎 하나가 떠내려왔다. 그들은 그것을 보고 다시 내려가기로 마음먹었다. 위쪽 절의 살림살이가 헤픈 것을 짐작해서였다. 그들이 마악 일어서려는데 어떤 노장님 한 분이 헐레벌떡 내려오더니 그 채소잎을 건져내는 것이었다. 노장님은 변명하듯 말했다. "나이가 드니

후원의 한구석에 빨래를 널어 말리는 모습

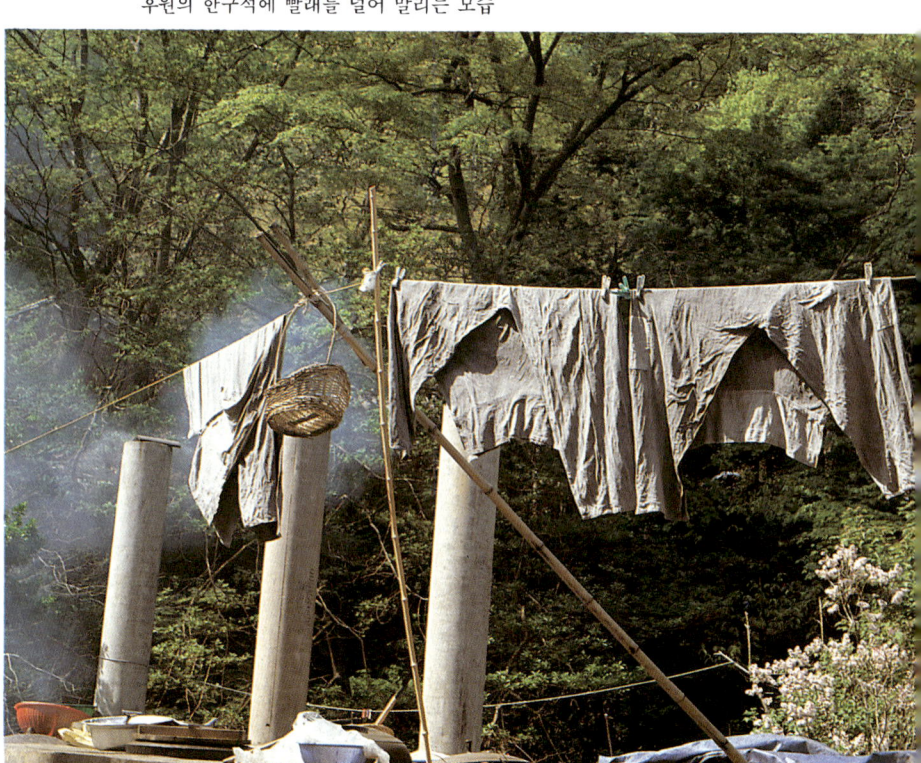

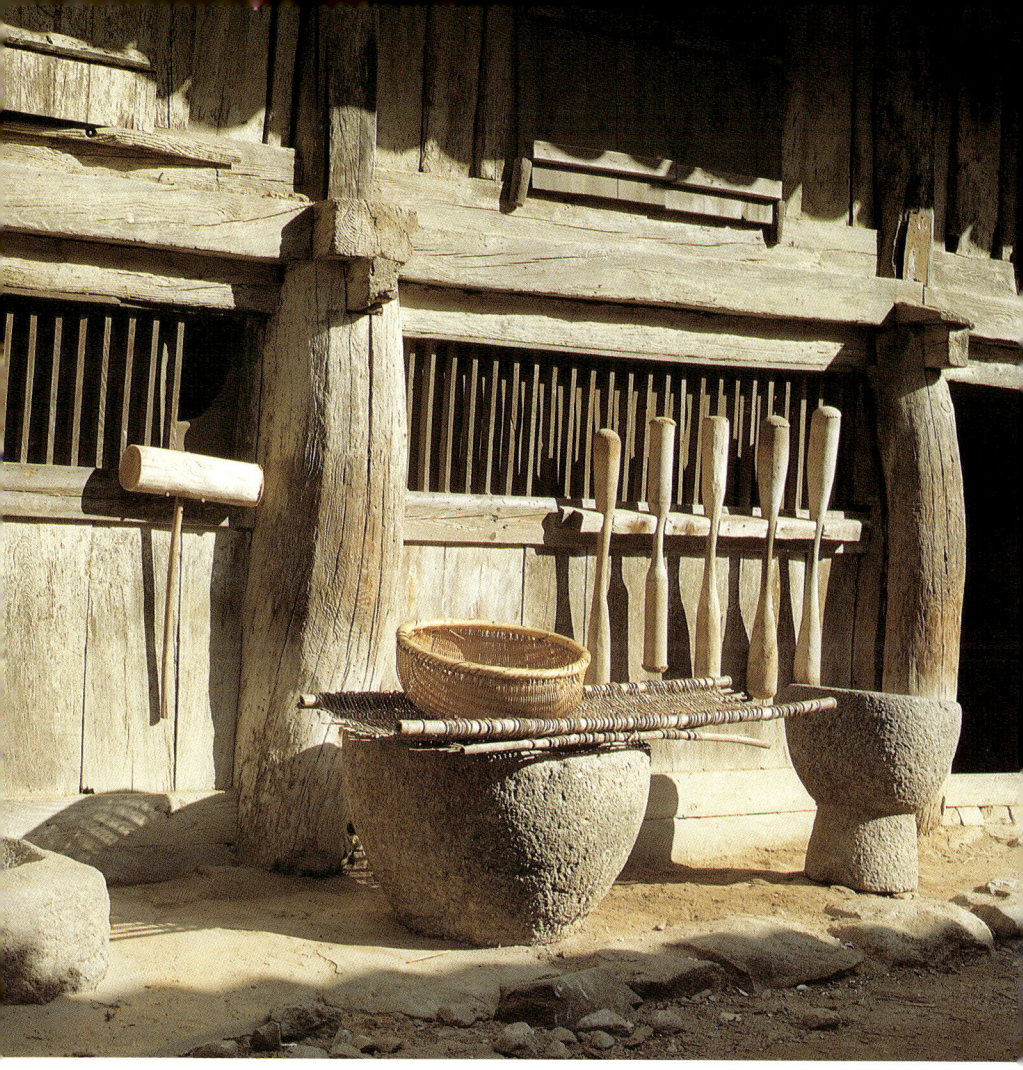

후원의 부엌 전경

채소 씻는 일도 시원찮아" 두 선객은 노장님을 따라 다시 산을 올라 갔다.

국에 얽힌 얘기 또 하나. 뜨거운 국솥에 쥐가 빠져 죽었다. 갱두는 그것을 모른 채 큰 그릇에 국을 떠서 큰방에 들여 놓았다. 국을 나누어 가던 어린 사미가 죽은 쥐를 보았을 때는 대중이 국을 맛있게 들고 있는 중이었다. 그 사미는 가만히 쥐를 건져 자기 발우에 담아 손으로 가리고 먹었다. 그때 탁자 위의 부처님이 긴 팔로 그 사미의 머리를 쓰다듬어 주셨다. 다른 사람의 눈에는 보이지 않았으나 조실 스님의 눈에는 보였다. 공양이 끝나고 조실 스님은 사미를 불러 "왜 국그릇을 손으로 가리고 먹었느냐"고 물었다. 사미는 자초지종을 얘기했다. 조실 스님은 말없이 고개를 끄덕였다. 주는 것만이 공덕이 아니라 남의 허물 먹어 주는 일도 공덕이 된다.

이번에는 국이 아니라 죽에 얽힌 얘기가 있다. 무착문희(無着文喜) 선사가 있었다. 그는 늘 문수보살 친견하기가 소원이었다. 그것이 그의 화두였다. 죽솥에서 죽을 끓이면서도 속으로 '문수보살 문수보살' 하고 있었다. 그때 얄궂게도 펄펄 끓고 있는 죽 속에서 문수보살의 얼굴이 쑥 올라왔다. 문수보살의 얼굴을 친견하는 순간 무착의 머리에서 섬광이 번뜩였다. "문수는 스스로 문수요 무착은 스스로 무착이다(文殊自文殊 無着自無着)"라고 외치며 죽을 젓던 주걱으로 문수의 머리통을 후려갈겼다. 순간 문수는 사라지고 죽만 끓고 있을 뿐이었다. 사물의 빗장을 열고 보면 사물의 진면목이 거기 빛나고 있다. 국을 끓이는 일이 진실로 국을 끓이는 일이다.

공양주는 행자의 최고참이 맡는다. 공양 중에서 밥이 차지하는 비중이 큰 이유도 있지만 큰 무쇠솥에 백여 명이 넘는 대중의 밥을 해내려면 숙련된 손길이 필요하기 때문이다. 물이 적으면 타고 물이 많으면 죽이 된다. 그렇게 되면 공양주는 큰방에 불려가 꾸중을 들은 뒤 108배나 1080배의 참회를 해야 한다. 간상과 채공과 갱두를 거친 고참 행자 두엇이서 공양주를 맡는다. 때로는 복을 짓겠다고 자원한 나이 든 스님들이 대중 처소에서 1년이나 2년쯤 공양주를 하는 경우도 있다. 원효 스님도 통도사에서 공양주를 지내다가 학인들이, 스님이 지은 '해동기신론소'의 해석 때문에 논쟁을 벌이자 그 논쟁을 해결해 주었다는 설화도 전해 온다.

쌀을 씻어 큰 솥에 안치고 불을 땐다. 나무가 많은 곳은 장작을 쓰지만 그렇지 못한 곳에서는 섶이나 삭정이를 쓴다. 타닥타닥 타오르는 불빛을 바라보며 불을 때다 보면 푸들푸들 밥물이 넘는다. 밥거품의 상태를 보고 밥물이 좀 많다 싶으면 불을 조금 더 때고 밥물이 적다 싶으면 타던 불을 빨리 꺼내고 아궁이에 냉수 끼얹어 열기를 가시게 한다. 이렇게 불기를 잘 맞추어 주면 밥도 맛있고 누룽지도 누릇누릇 적당히 눌어 구수한 숭늉을 큰방에 들여 놓을 수 있다. 이때 환자가 있으면 부드러운 누룽지를 따로 만들어 간병 스님이 가져갈 수 있도록 준비해 드린다. 옛날에는 쌀에 뉘가 많아 씻으며 골랐다가 새들의 모이로 주곤 했는데 요즈음은 쌀에 뉘도 없고 돌도 없어서 한결 수월해졌다. 그런데도 공부인이 적으니 어쩐 일일까.

아침 공양

발우 공양

「아함경」에 말씀하기를 적게 먹으면 병이 적다고 했다. 사찰에서의 아침 공양은 매우 간단하다. 결제가 시작되면 죽을 먹는 곳도 있다. 정진 기간에 탐심과 졸음을 적게 하고 가능하면 후원의 수고를 덜자는 뜻도 있다. 그러나 시간은 엄격하게 지켜진다. 거의 모든 사찰이 아침 6시면 아침 공양을 한다. 큰방 부전은 5시 50분이 되면 큰방 앞마루에 놓여진 작은 종을 다섯 번 친다. 공양 시간 10분 전의 소식이다.

나이 많은 노스님들의 걸음 속도와 좀 떨어진 전각에서 거처하는 여러 스님들이 모이기 위해서 10분 정도를 배려한 것이다.

종이 울리면 공양주와 갱두와 채공과 간상은 큰방에 들어갈 어간과 대중의 반찬상과 천수물, 밥, 국 등의 공양 거리 일체를 큰방 뒷마루에 갖다 놓는다. 그걸 다시 큰방의 어간 앞에 정돈하는 일은 학인 스님들의 일이다.

큰방에는 조실 스님부터 사미에 이르기까지 절의 대중이 좌차

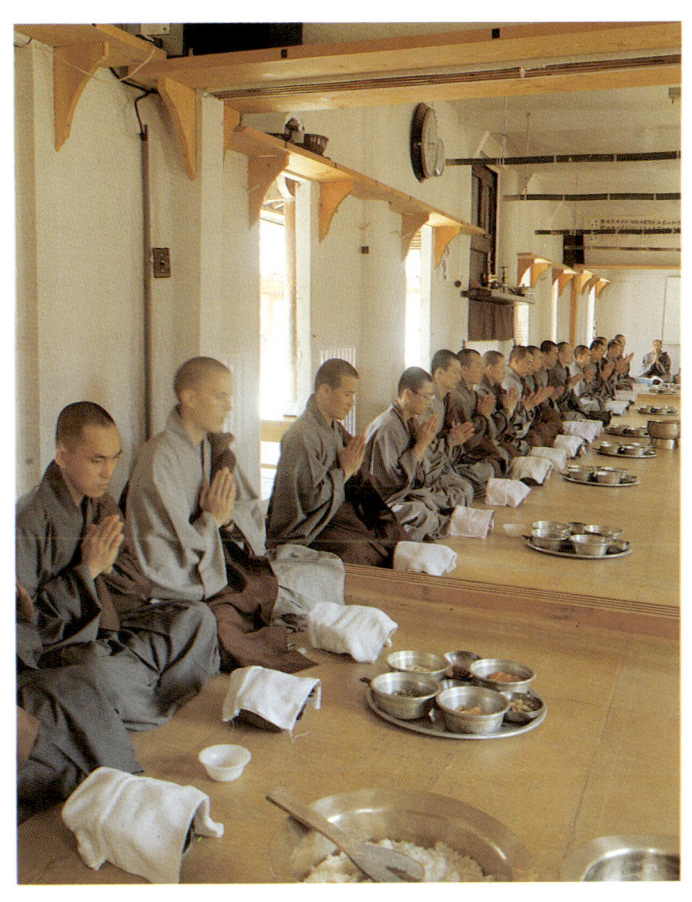

발우 공양 준비 큰방에 조실 스님부터 사미에 이르기까지 절의 대중이 좌차(座次)대로 발우를 앞에 놓고 앉는다.

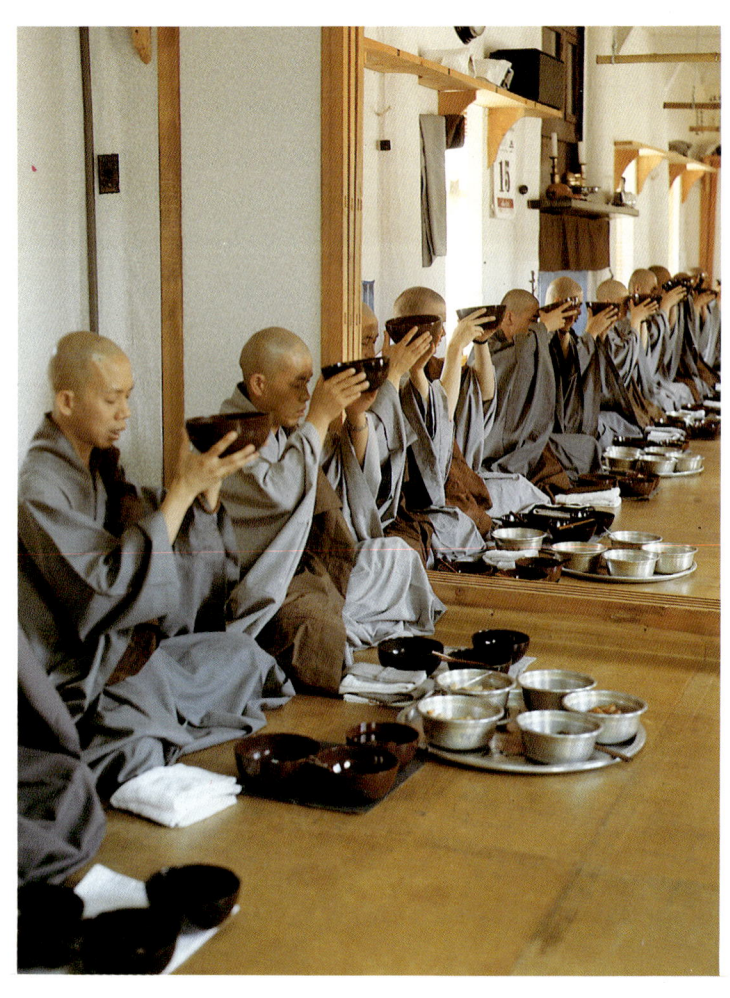

발우 공양 하기 전 게송을 외우는 모습 수식게(受食偈)를 외울 때는 양손으로 어시발우를 잡아 이마 높이로 올리고 게송을 읊는다.

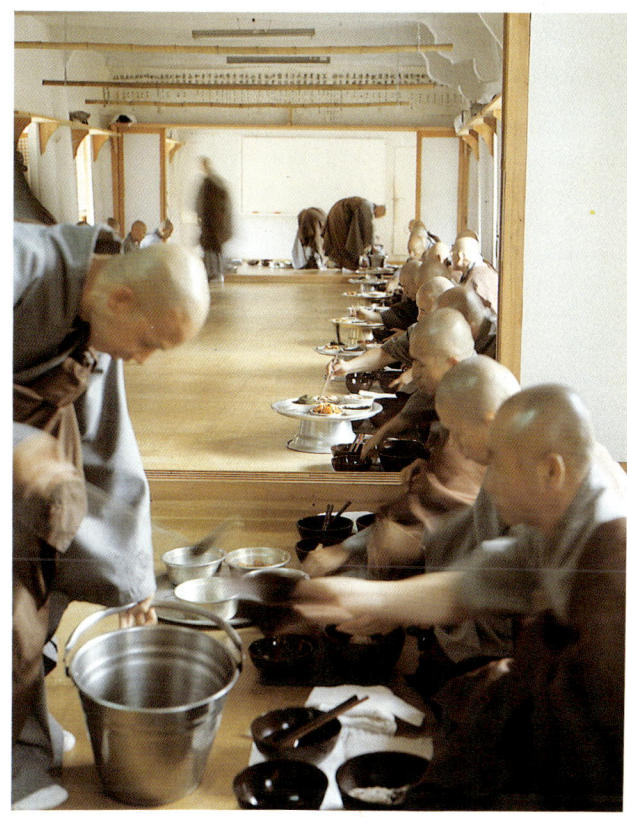

(座次)대로 발우를 앞에 놓고 앉아 있다. 사찰의 모든 큰방에는 키닿
는 곳쯤에 발우를 올려 놓는 선반이 만들어져 있어 공양 전에 내린
발우는 공양이 끝나면 또 다시 자기 자리에 올려 놓게 된다.

　큰방의 어간 쪽을 상판(上板), 젊은 스님들이 앉은 탁자 밑 지역
을 하판(下板)이라고 부른다. 절에는 나이보다 승랍(승려 생활을
한 횟수)의 차례대로 좌차를 정한다. 큰방에는 대개 정면에 부처님
을 모신다. 부처님의 정면 출입구가 어간(御間)이다. 이 어간은 조실

스님의 전용 출입문이다. 일반 대중은 어간을 비낀 좌우 문으로 출입한다. 이 어간을 중심으로 왼쪽은 청산(淸山)이라 하여 선방 스님들이 앉는다. 오른쪽은 백운(白雲)이라 하여 종무소 소임자 스님들과 강원의 강사 스님 그리고 학인 스님들이 앉는다. 이런 법식이 있어 어간의 정면 부처님 탁자 밑에는 선방과 강원의 초심자들이 앉게 되고 공양 시간의 모든 진지는 그들이 도맡게 된다.

6시 정각 이윽고 찰중(대중을 살펴 돕는 소임) 스님의 손에서 죽비가 세 번 울린다. 대중은 합장한 다음 발우를 편다. 하얀 발우 수건을 세 겹으로 접어 반으로 접은 다음 오른쪽 무릎의 한 뼘 앞에 반듯하게 놓는다. 발우보도 풀러 세 겹으로 접은 다음 다시 세 겹으로 접어 오른 무릎 앞의 한 뼘 공간에 놓는다. 수저집도 발우보 위에 얹는다. 발우 뚜껑을 벗겨 발우보 아래 놓고 한 손에 발우를 들고 발우 받침을 펴서 발우를 놓는다. 소리가 나지 않도록 엄지와 검지로 조금 당기듯 반찬 발우(제일 작은 그릇; 반찬만 담는다)를 들어 왼쪽에 놓는다. 다음 천수 발우(세번째 그릇; 물만 담는다) 들어 오른쪽에 놓고, 마지막으로 국발우(두번째 그릇; 국만 담는다) 들어 오른쪽에 놓게 되면 어시 발우(제일 큰 그릇; 밥만 담는다)와 어울려 네 짝의 발우는 직사각형의 대형으로 조용히 펴지게 된다.

다음 수저집을 들고 소리나지 않게 젓가락 먼저 빼내어 천수 발우에 세워 담고 다시 수저를 빼내어 젓가락과 함께 세워 담는다. 수저집을 한 번 곱게 접어 발우보 위에 얹고 다시 발우 수건을 얌전히 집어 수저집 위에 놓아 가지런히 정돈한다. 발우는 바르게 흐트러짐 없이 펴져 있는가 확인하고 호흡 조절하여 묵묵히 죽비 소리를 기다린다.

대중이 발우를 다 편 것을 확인한 찰중은 죽비를 한 번 친다. 이윽고 진지가 시작된다. 먼저 천수물이 돈다. 천수물은 어시 발우로 받는다. 적당한 양이 되면 발우를 앞뒤로 몇 번 흔든다('그만 부으시오'라는 뜻이다). 천수물은 한 모금 마셔도 된다. 좀 미지근하게 데워 쓰지만 더러 찬물로 쓰기도 한다. 공양 전에 시원한 냉수 한 모금 마시는 맛은 각별한 데가 있다. 천수물을 조신하게 국발우와 반찬 발우를 거쳐 세번째의 천수 발우로 간다. 언제나 천수 발우는 물만을 담는다.

밥통의 밥이 온다. 천수물은 초심자가 돌리지만 밥 진지는 아무나 못한다. 숙련이 필요하다. 주걱으로 밥 살짝 밀어 돌려빼며 살짝 눌러 주면 삼각형이 된다. 그 삼각형의 밑변에 부드럽게 주걱을 넣어 떠서 발우에 담아 윗부분을 조금 어루만지면 예쁘고 곱게 담겨진다. 밥의 양은 세 홉이 원칙이다. 한 번 뜨면 정확하게 세 홉 밥이 담겨야 한다. 밥 담는 행동이 거칠거나 서투르면 공사에 회부되어 참회를 해야 한다. 밥 담는 것에도 이렇듯 엄한 법도가 있다. 대중생활을 익히기 위해 겨울에는 눈을 그릇에 담아 밥 담는 훈련을 시키기도 한다. 진지하는 모습 하나하나가 다 수행의 차원이다.

다음에는 국. 국은 뜨겁고 출렁거리기 때문에 조심해서 다룬다. 국자로 뜰 때도 국거리 내용에 따라 약간의 기술이 필요하다. 두부나 무, 아욱이나 쑥국은 그런대로 뜨기가 쉽지만 콩나물이나 미역을 사용했을 때는 우선 국물부터 뜨고 다음에 국자로 건더기 올려, 받는 사람이 젓가락으로 건더기를 가져갈 수 있도록 배려해야 한다. 그렇지 않으면 처음 받은 사람은 국물만, 나중에 받는 사람은 건더기만 하는 식이 되어 불평이 있게 된다.

진행되는 진지의 모습을 살펴 진지의 모양이 매끄럽거나 숙련되지 못하면 찰중은 따로 모아 교육을 시킨다. 규모있는 사원일수록 일거수 일투족에 대한 잔소리가 많다. 이런 잔소리를 통해서 장판때가 묻고 완전한 수행자로 성장하게 된다.

공양주는 인원수대로 미감으로부터 정확하게 쌀을 받아 밥을 짓는다. 타거나 누룽지가 많이 나오면 밥이 모자라는 경우가 있다.

그럴 때는 밥 나누던 그릇을 들고 한 바퀴 돈다. 평상시에는 가반 (加飯;밥을 더 드십시오)의 뜻이 있지만 이때는 감반(減飯;밥 좀 주십시오)의 뜻이 된다. 그러면 대중들은 자기 밥발우에서 한 순가 락씩 덜어 낸다. 글자 그대로 십시 일반(十匙一飯)이다. 그렇게 해서 모자란 밥을 보충한다. 천수물, 밥, 국이 차례로 나눠지는 동안 중간 중간에 놓여졌던 반찬상은 자기가 먹을 만큼 덜어 낸 다음 차례차례 아래로 내려간다.

나누기가 끝나고 나누기를 담당했던 하판 스님들이 그릇들을 밖에 내놓고 들어온 것이 확인되면 다시 죽비 세 번이 울리고 먹기 가 시작된다.

공양할 때는 큰 소리를 내며 씹어서는 안 된다. 한쪽 볼따구니가 불룩 나오도록 음식을 먹으면 안 된다. 수저와 젓가락을 한꺼번에 쥐어서도 안 된다. 밥을 뜰 때는 어시 발우를 들고 떠야 한다. 국을 뜰 때는 국발우를 들고 떠야 한다. 반찬을 집을 때는 반찬 발우를 들고 집어야 한다. 밥을 뜨거나 국을 뜨거나 반찬을 집거나 한 뒤에 수저와 젓가락은 반드시 천수 발우에 담가 놓아야 한다. 발우 공양 은 조용하고 까다롭지만 위생적이고 경제적이다. 자기 발우는 자기 만 쓰도록 되어 있다. 개개인마다 자리가 정해져 있어 늘 자기 관리 아래에 놓여 있다. 발우에 담은 음식은 남겨져서도 안 되고 남겨질 수도 없다. 때문에 애당초 음식을 담을 때 남기지 않을 정도의 음식 만 누구나 담는다. 때문에 발우 공양을 할 때는 자기 소화 능력을 고려하여 담는 양을 잘 조절하지 않으면 안 된다. 먹기가 어느 정도 진행되면 죽비를 든 찰중은 숭늉 죽비를 두 번 친다. 그러면 숭늉이 들어온다. 숭늉은 어시 발우에 받는데 대개 밥을 두어 숟가락 남겨 그 위에 물을 받는다. 그리하여 밥을 살살 으깨는 듯하여 발우에 붙어 있던 밥 찌꺼기를 긁어 낸다. 그런 다음 그 숭늉은 국발우로 가서 국 찌꺼기를 씻어 낸다. 다시 그 숭늉은 반찬 발우로 간다.

붙어 있던 고춧가루나 반찬 국물을 헹구고 난 다음 그 물을 먹는
다. 이 맛은 건건찝찔하다. 처음에는 역해서 잘 못 먹지만, 익숙해지
면 이 건건찝찔한 숭늉을 먹어야 입안이 개운해진다. 만약 반찬물이
깨끗하게 헹구어지지 않으면 천수물 두어 숟가락 덜어 내어 깨끗이
한다. 물론 그 물은 자기가 마신다.

하판 스님들은 진지(밥 나누고 숭늉 가져오는 등의 일)하랴 공양
하랴 매우 바쁘다. 그래서 매우 빠른 속도로 밥을 먹게 된다. 어떤
노스님은 그들을 위해 당신이 천천히 공양을 드신다. 어간의 공양
속도에 맞추어 진지가 진행되기 때문이다.

대중 전체가 공양이 끝나면 다시 죽비가 한 번 울린다. 찬상도
내가고 천수통(발우 씻을 물을 담아 내는 그릇)도 들여 오고 발우도
씻으라는 신호다. 세번째 발우에 담겨 있던 천수물을 어시 발우에
옮겨 담아 엄지손가락을 빼 나머지 손가락을 모아 조용조용 문질러
씻은 다음 국발우로 옮겨 부어 수저와 젓가락을 씻고 다시 반찬
발우까지 씻는다. 이때 찌꺼기가 없어야 한다. 만일 찌꺼기가 있으면
가라앉혀 윗물을 따라 낸 다음 그 찌꺼기를 마셔야 한다. 어쨌든
천수물통에 붓는 물은 찌꺼기가 있으면 안 된다.

사람을 잡아먹고 사는 아귀가 있었다. 그는 매우 큰 몸집이라
한 끼 식사에 사람 수십 명이 필요했다. 부처님은 신통력으로 그의
목을 졸라 식도를 바늘 구멍만하게 좁혀 버렸다. 아귀는 언제나
배가 고파 죽을 지경이었다. 바늘 구멍으로 들어갈 수 있는 먹을거
리가 제한되어 있기 때문이다. 참다 못한 아귀는 부처님을 찾아와
배고픔을 호소했다. 부처님은 제사들에게 공양 뒤 찌꺼기 없는 행군
물로 아귀의 식사를 만들어 주도록 하셨다. 천수물은 아귀의 먹이이
다. 바늘 구멍을 통과하지 못하는 찌꺼기가 있으면 아귀의 목에
걸리게 된다. 그래서 조심하지 않으면 안 된다. 천수물은 그래서
아무 데나 버리지 않는다. 정갈한 곳에 붓는 곳을 마련해 놓고 있

다. 거기가 아귀들의 식탁이다.

수행자는 음식을 맛으로 먹어서는 안 된다는 말이 있다. 아귀가 아니더라도 발우 공양은 매우 위생적이고 검소한 정신이 있다.

발우는 모두 네 개로 되어 있다. 발우보(발우를 싸매는 보자기. 다른 곳으로 이주하게 되면 발우도 가져가야 하므로 펼치면 자루처럼 되어 있어 그 속에 발우를 넣고 양쪽을 잡아맬 수 있도록 되어 있다)와 발우 수건, 발우 뚜껑과 받침보가 한 벌을 이룬다. 거기에 수저와 젓가락과 반대(새와 물고기들에게 밥을 주기 위한 조그마한 수저)를 담는 수저집이 있다.

이 발우는 처음 사미가 될 때 은사 스님으로부터 하사받는다. 발우와 가사와 장삼을 의발(衣鉢)이라고 부른다. 스님이면 누구나 이 세 가지는 지니고 있다. 여행중에도 반드시 지니도록 되어 있다. 특히 가사는 법복(法服)이기 때문에 불이가사(不離袈裟;자기 몸에서 떨어지지 않게 함)가 원칙이다.

한때 이 의발은 법을 전하는 신표로 사용되었다. 덕이 높은 스님이 상수(上首) 제자에게 의발을 전하면 그가 전법인(傳法人)이 되어 대중을 이끈다. 때문에 스승의 의발이 누구에게 가느냐 하는 문제로 분쟁이 일어나기도 했다.

본래 무일물(無一物), 청빈과 검소를 생활의 원칙으로 살아가는 수행자가 죽고 나면 그를 상징하는 유일한 물건은 그가 쓰던 발우와 그가 입던 가사와 장삼 그리고 헌 누더기다. 그래서 납자는 떠날 때 짐이 한 걸망을 넘으면 실격이 된다. 그래서 의발이 더욱 값어치가 있게 된 것일까.

현실적으로는 은사 스님에게 이 발우를 받지만 정신적으로는 본사(本師)이신 부처님으로부터 전수(傳受)한 뜻이 있다. 가사 역시 마찬가지다. 누구나 부처님의 제자이기 때문이다. 그래서 승려가 되면 누구나 석(釋)씨가 된다.

차(茶)

나 지금 깨끗한 물로
감로의 차 만들어

 이렇듯 차는 절에서 즐기는 멋의 하나다. 대중에서보다도 혼자 수행하는 토굴이나 암자에서의 생활이라야 차는 더욱 깊은 아취로 가깝게 된다.
 아침 공양이 끝나면 대중에서도 대개 차를 마신다. 이 차를 담당하는 소임을 다각(茶角)이라고 부른다. 절에서 쓰는 차를 반야(般若)의 차 또는 무심(無心)의 차라 부른다. 반야나 무심은 수행의 목표이기도 해서 차는 더욱 격상되기도 한다.
 맑은 향기의 차를 한 잔 마시며 담소를 나눈다. 하판에서는 어른 스님들의 얘기를 듣는 쪽이다. 풍부한 수행의 이력을 지닌 스님들의 맑은 한담을   듣는 것은 청복(淸福) 그것이다.

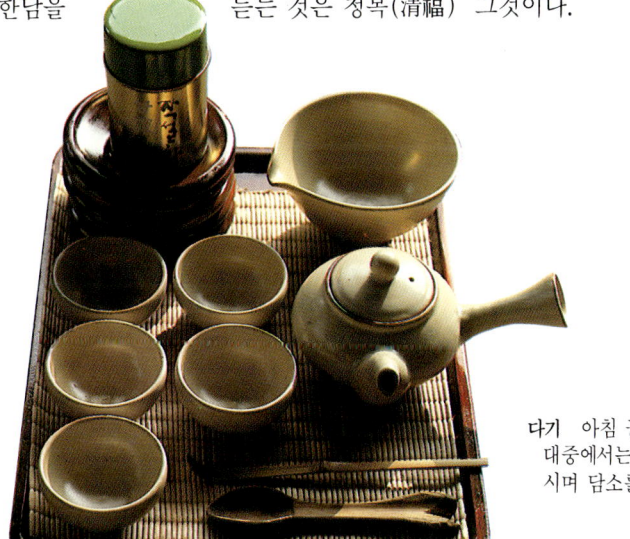

다기 아침 공양이 끝나면 대중에서는 대개 차를 마시며 담소를 나눈다.

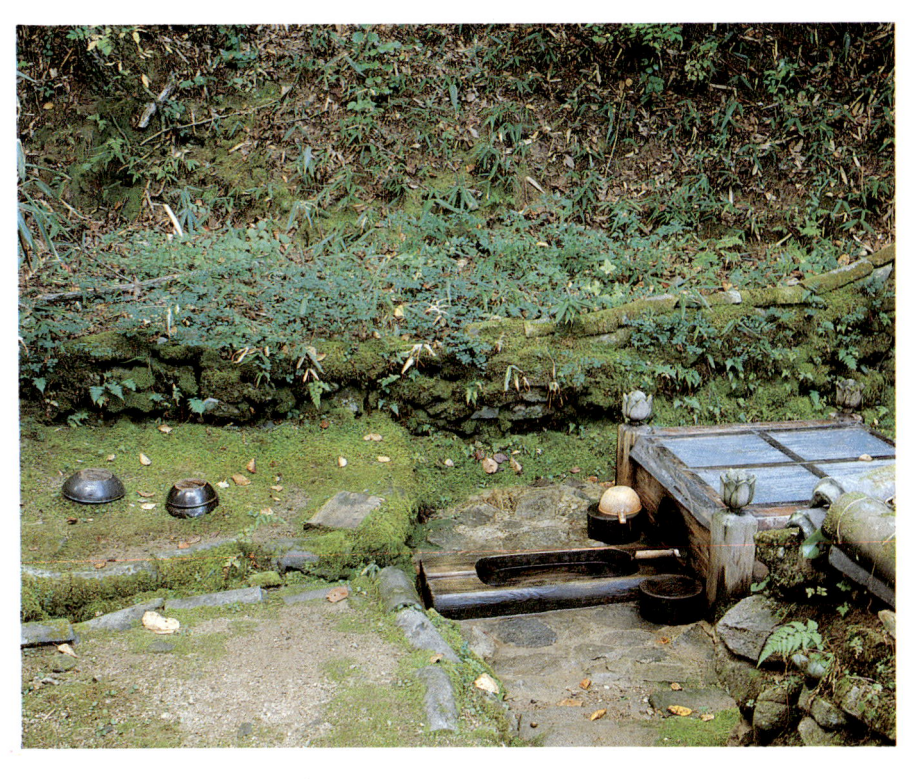

산사의 약수터 차에 쓰이는 물은 특히 산에서 제일 좋은 맑은 물로 하여 향과 맛이 더욱 좋다.

곡우와 청명의 사이에 울력으로 찻잎을 따서 법제한 다음 정갈하게 보관해서 쓴다. 차는 예식으로 쓰일 것과 대중이 일상으로 마시는 차를 구분하여 보관한다. 예식에 쓰일 차는 극히 소량이지만 최상품의 것을 골라 법제한다.

차 밖에 오가피나 마가목 그리고 엄나무 껍질을 말려 쓰기도 한다. 엄나무나 마가목은 특히 오랜 좌선의 피로에서 오는 근육과 신경의 긴장을 푸는 약리적 성분이 있어 선방에서 즐겨 마신다. 그 밖에 오미자나 감잎을 쓰기도 한다. 특히 가을 햇구기자에 대추 조금 넣고 끓여 내는 차는 독특한 추향(秋香)이 있어서 좋다.

선방이 있는 곳에는 지대방(선객들의 사물함이 있고 빨래를 손질하며 바느질 또는 다과를 드는 곳)에서 차를 마신다. 내적으로 치열하게 도야되어 있으면서도 늘 감추어 버리는 습성의 선객들은 차의 분위기도 군더더기가 없고 맑고 직선적이다. 그러나 간결하면서도 꿰뚫는 정진력의 세계에서 오는 고담 준론이 초보자들에게는 강의요 독서의 의미 이상이다. 승조 법사의 조론(肇論)이나 임제의 삼현(三玄), 삼구(三句), 사료간(四料簡) 등을 들을 수 있는 것도 바로 이 시간이다. 지대방에서는 육두 문자도 가능하고 스스로 부처가 되고 조사가 되기도 한다.

대중 공사

절은 수행자들이 모여 사는 곳이다. 아침에 눈을 뜨고 저녁에 잠들기까지 모든 행위는 수행 일변도로 행해진다. 목숨을 건 정진, 수행은 청빈과 근면이 덕목이다. 그러나 이곳 역시 사람사는 곳. 이곳이라고 해서 잘못, 실수, 분쟁, 오해가 없는 것은 아니다. 싸우기도 하고 그것이 빌미가 되어 걸망지고 떠나기도 한다.

사미가 되면 열 가지 계율을 지키고 더 지나 비구가 되면 250계를 받는다. 비구니는 348계를 받기 때문에 비구보다 규율이 심하다. 250계 가운데 살·도·음·망(殺盜淫妄)의 근본 계율을 비롯하여 몇 십 가지를 제외하면 모두 함께 사는 질서와 예절에 관한 것들이다. 대중의 질서와 화합은 공동체의 필수 조건, 그래서 율장에도 대중의 화합이 잘 이루어지도록 하는 조항이 많다. 때문에 대중 처소에서는 대중의 화합을 깨뜨리는 행위를 가장 엄격히 다스린다. 대중을 살피는 유나(維那)와 입승(立繩)과 청중(淸衆)과 열중(悅衆) 그리고 찰중(察衆)이 있다. 유나는 수행 연륜이 많고 덕이 있는 스님으로 추대한다. 통솔력이 있고 대중을 포용하고 기강을 바로잡을 수 있는 고참 납자로 입승을 모신다. 행이 청정한 이에게 청중을, 자비로 항상 감싸는 이에게 열중을, 그리고 수행에 빈틈없이 꼼꼼하여 청규를 잘 아는 이에게 찰중을 맡긴다. 몹시 개인주의적이고 자유와 아집이 강한 선객들의 한철이 모두 이 소임자들의 영향 아래에 있다. 계율의 연구와 실행 그리고 초하루와 보름에 행해지는 자자(自恣)와 포살(布薩 ; 모든 대중이 모여 잘못을 토론하고 참회를 하며 계율에 관한 경을 합송한다)을 담당한다.

부처님 당시에도 대중의 화합을 자주 깨뜨리는 못된 버릇의 비구 여섯 명이 있었다. 율장에 자주 등장하는 육군 비구(六群比丘)가 그들이다. 백중 학법(百衆學法 ; 대중 생활 규칙에 관한 백 가지 계율 조항) 등이 그들 때문에 만들어질 정도로 문제의 비구들이었다.

사찰 운영은 일종의 합의제 운영이다. 소임자들의 독단으로 운영되어서는 안 되고 또 운영될 수도 없다. 정진과 수행은 개인의 내부에서 이루어지므로 논의의 대상이 될 수 없다. 그러나 조석 예불과 울력과 공양과 대중 공사 그리고 맡은 소임의 성실성 여부와 책임에 대한 청규 위반은 대중 공사감이 되어 사실 여부의 확인 절차가 끝나면 청규에 의한 제재 절차를 거쳐 참회하고 허물에 대한 책임을

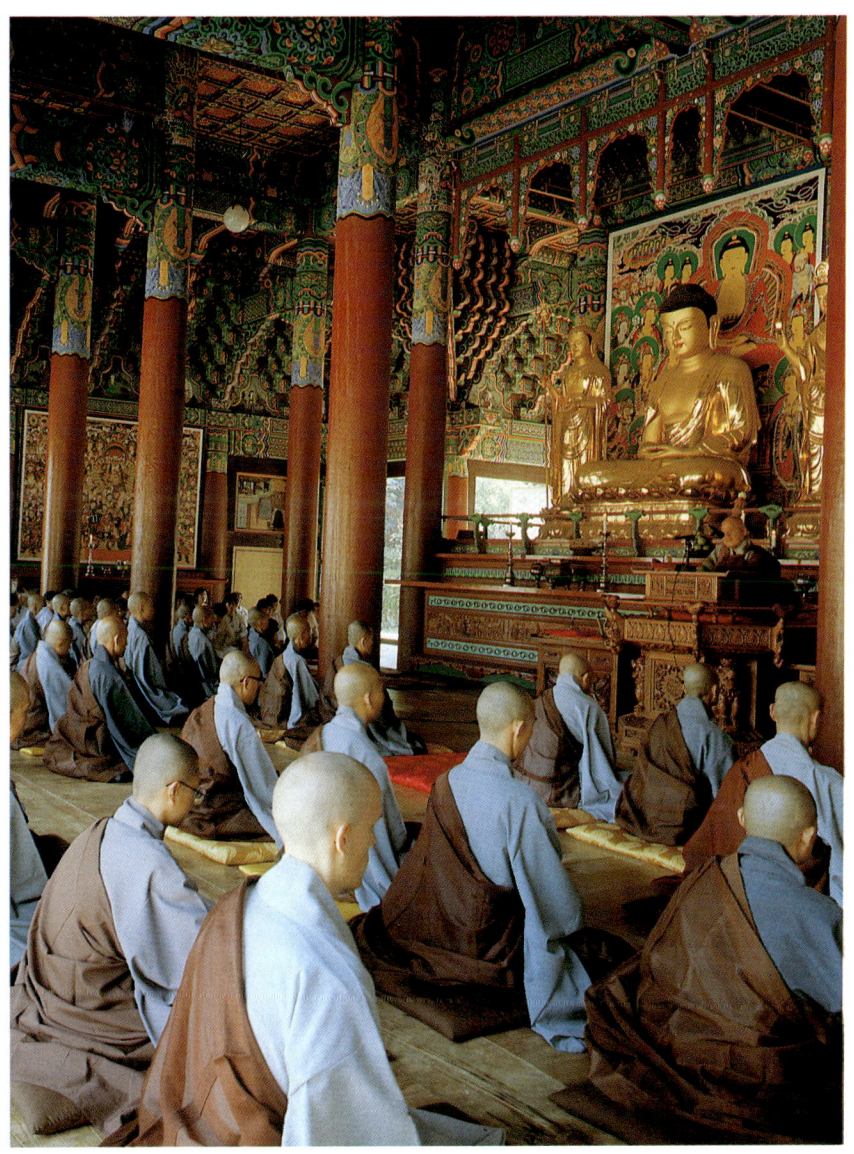

대중 공사에 앞서 방장 스님의 법문을 듣고 있는 스님들

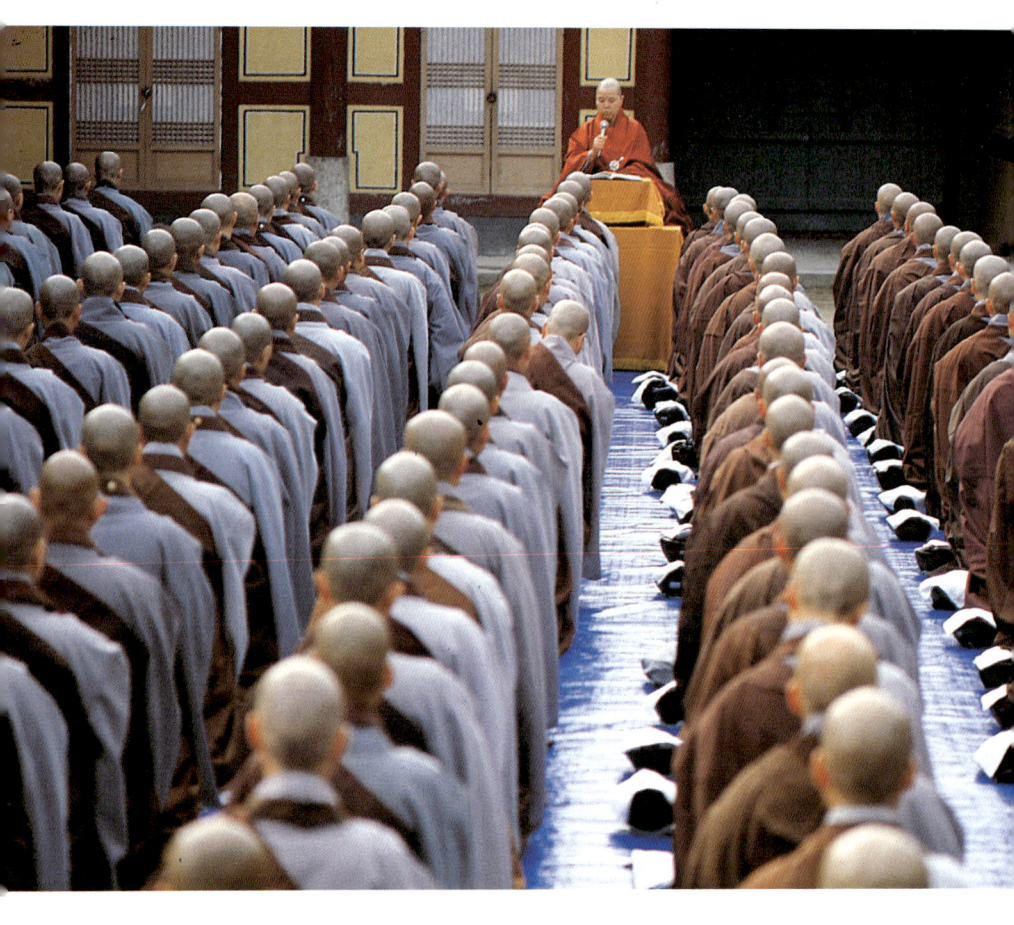

수계식 대중 공사 등의 치열한 수련 기간을 끝내고 5계와 10계를 받아 스님이 되는 엄숙한 수계식 모습이다.

벗어나게 한다.

일상적인 대중 공사는 공양 뒤에 차를 들며 평범하게 논의된다. 특별한 격식은 없지만 소관 사항의 소임자가 공양 끝내는 죽비가 울리기 전에 대중에게 합장하고 이렇게 말한다. "오늘 대중 스님께 드릴 말씀이 있습니다"라고 서두를 꺼낸다. 그렇게 되면 그것이 바로 대중 공사의 시작이 된다. 안건이 하나인 경우도 있고 여럿인 경우도 있다. 대중 공사는 누구나 부칠 수가 있다. 사항에 따라 논의가 시작되면 이내 결정이 난다. 나무하기와 밭과 논에 씨를 심는 일, 대중의 노동력이 필요한 사중의 일이 있으면 여기에서 일의 때와 곳 그리고 양이 결정된다.

대중 울력은 보통 한나절 정도로 잡혀 정진에 지장을 주지 않게 하는 것이 상례지만 모내기와 수확 그리고 김장 등의 일은 며칠을 세속하는 경우도 있다. 특히 사찰 경계의 산에 산불이 나면 큰 종을 쳐 긴급히 대중을 운집, 현장으로 달려가 불이 잡힐 때까지 현장에 머문다. 혹 허물이 있어 논의되더라도 소임자의 보고와 어간 스님들의 간단한 꾸지람으로 끝나지만 실수, 과오, 범계(犯戒), 소임의 소홀 등이 수행에서 벗어났다고 판단되면 참회하라는 지침이 내려지기도 한다. 참회는 보통 부처님이 계시는 법당에서 108배 또는 1080배, 3000배 등을 한다. 참회를 시달받으면 자진해서 한다. 스스로 알아서 할 일, 그것을 감독하지는 않는다.

교단이나 사중 또는 승행(僧行)에 중대한 범계가 있게 되면 소임자들은 별도의 시간에 대중 공사를 소집, 전체 대중의 뜻을 묻는 회의에 들어간다. 대중은 좌차대로 큰방에 앉아 있다. 엄숙하고 긴장감이 있다. 하여 무언가 압도적이다.

이때의 대중 공사는 산중 회의라는 이름이 된다. 총림의 중요한 일을 결정하는 임회(林會)가 있지만 임회는 대중이 소집되지는 않는다. 이 대중 공사에서 결정하는 일은 매우 광범위하다. 방장 스님을 추대한다, 주지를 선출한다, 법당과 요사의 신축과 개축, 토지의 판매 등을 결정한다. 이 대중 공사는 자초지종이 회의록에 기록된다. 여기서 결정되는 사항은 그대로 시행된다. 만일 허물이 있어 불공 거죄(不共居罪)나 산문 출송(山門出送)을 당하면 지체 없이 소지품을 챙겨 떠나야 한다.

전국의 승려가 모이면 승려 대회라고 한다. 이것도 일종의 대중 공사다. 교단에 위기가 닥치거나 국가가 위험에 처했을 때 분연히 떨치고 일어나 공동체의 힘을 모아 정신과 갈길을 바로잡는다. 승려 대회가 초종헌적 성격이 되는 것도 대중 공사의 법과 질서를 유지하는 엄격성에 뿌리하고 있기 때문이다.

청소

달빛은 못 물을 뚫어도 젖지 않고
내나무 그림자 뜨락을 쓸어도 먼지는 일어나지 않는다.

옛 스님들의 게송이다. 부처님은 사람의 마음을 곧잘 연꽃에 비유
하셨다. 그래서 옛 조사들은 또 이렇게 읊었다.

세상에 살되 드높은 허공처럼
저 연꽃 물에 젖지 않나니
마음이 청정하여 욕망을 초월함이여
무상의 높은 님께 머리숙여 절하옵노니.

아침 공양이 끝나고 각 처소로 돌아간 스님들이 오줌 누고 양지실
하는 잠깐의 시간이 지나면 곧 청소 목탁이 울린다. 자기 담당 구역
보다 온 대중의 공동 구역인 마당과 사천왕문 그리고 일주문까지는
먼저 비질을 한다.
여름에는 풀뽑기가 청소의 주된 일거리지만 가을에는 낙엽 모아

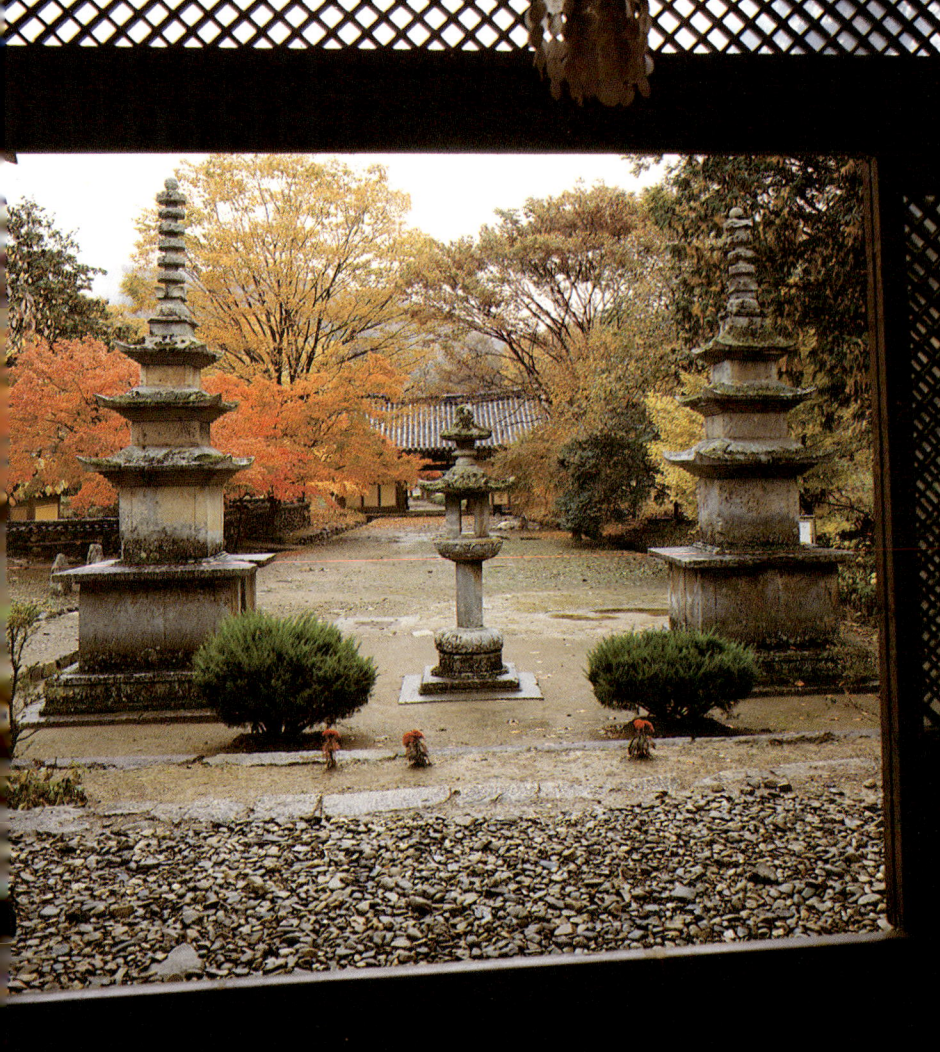

산사의 가을 뜰　단풍으로 물든 산사의 뜰은 스님들의 가지런한 비질로 더욱 청정하다.

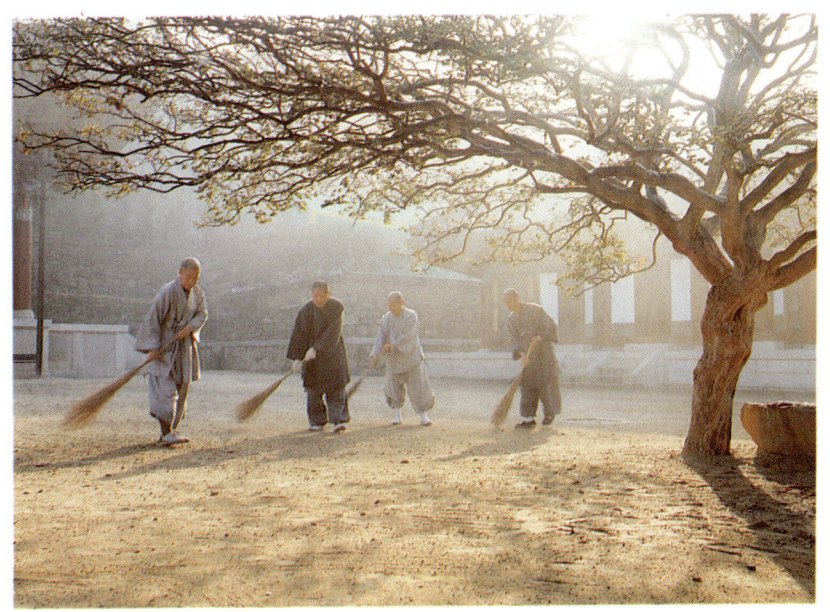

청소 아침 공양을 끝내고 청소를 하는데 마당과 사천왕문 그리고 일주문까지 먼저 비질을 한 다음 각기 담당 구역을 청소한다.

태우는 일, 겨울에는 눈 쓰는 일이 청소의 주된 거리이다.

대중 공동 청소가 끝나면 각자 맡은 당료(堂寮) 전각을 비질한다. 비질에도 사찰의 지역 특성에 따라 방법이 다르다. 바위가 많은 협소한 곳에 지어진 사찰은 흙이 부족한 관계로 낙엽을 위쪽으로 쓸어 모은다. 비질에 흙이 쓸려 내려가는 것을 방지하기 위해서이다. 승방의 비질에도 역시 법도가 있다. 비질할 때 비의 끝을 끝까지 지그시 누르며 해야 한다. 끝무렵에 비 끝을 쳐들면 바람이 일어 먼지가 날리기 때문이다. 하기야 어디 청소뿐이겠는가. 수행자는 신발 뒤끝의 어느 한쪽만 닳게 신어서는 안 된다. 앞뒤가 고르게 닳아야만 수행자에 맞는 걸음걸이가 된다.

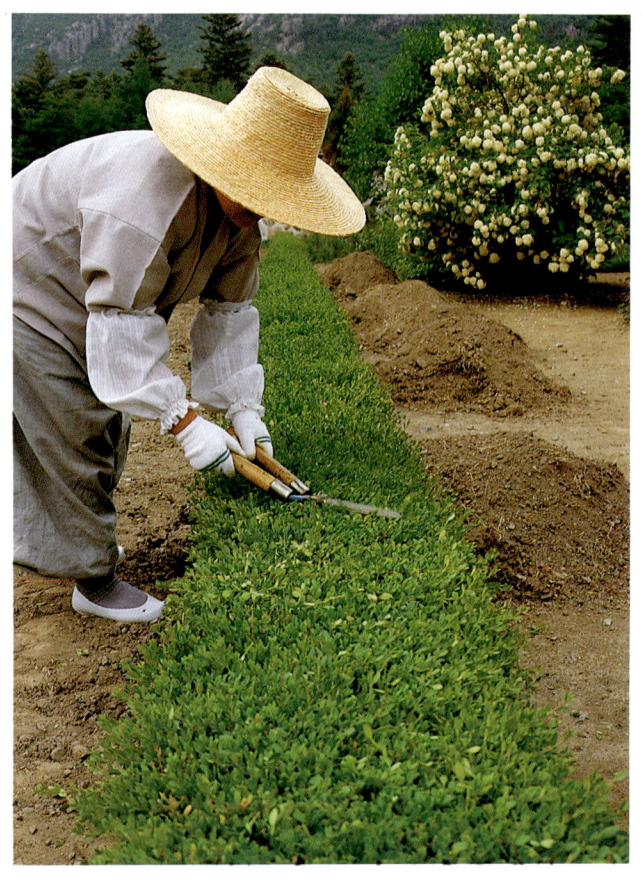

나무를 정리하는 모습 청소 또한 도량만을 깨끗하게 하는 것이 아니고 마음을 청정하게 하는 수행이다.

법당이나 전각의 청소는 아침 예불 끝에 일상적으로 행한다. 향로나 다기 그리고 촛대의 촛농을 제거하는 일들은 점심 마지(부처님께 점심 공양 올리는 일) 전에 살핀다.

깨끗한 곳에 건전한 정신과 몸이 있다. 사찰의 은근한 정취는 화려하지 않으면서 단아하고, 자비스러우면서도 결코 탐하지 않음에 있다. 청소가 어찌 도량만을 깨끗하게 하는 것이랴. 마음이 청정하면 세계가 청정한 것을.

정진

강원(講院)

　강원은 절집의 법도와 대중 처소에서의 생활을 익히고 부처님의 말씀인 경전을 배우는 곳이다. '세 사람 이상이면 반드시 나의 스승이 있다(三人而行必有我師)'고 했다. 대중을 배우고 대중을 아는 일, 그것이 대중 생활의 중요한 뜻이다. 나와 이웃을 함께 생각해야 하는 출가 수행자가 연마되어야 할 처소로는 대중 처소보다 나은 곳이 없다. 강원의 오전 일과는 청소 뒤 상강례(上講禮)로부터 시작이 된다. 시방 삼세의 모든 법을 다 배우기 위해 저희들이 지금 모여 삼장(三藏;경, 율, 론 등 불교의 모든 전적)을 강론(講論)하겠다는 서약 의식이다. 상강례가 끝나면 함께 동석한 강사 스님으로부터 공부와 생활에 대한 말씀이 있다. 그리고 나면 치문(緇門), 사집(四集), 사교(四敎), 대교(大敎)로 나뉘어진 각 반별로 강의가 시작된다.

　치문, 사집반은 담당한 중강(仲講) 스님으로부터 정해진 진도에 따라 교재별로 강의를 듣지만, 사교와 대교 과정은 발의(發議)와 중강을 산통을 흔들어 뽑아 자율 형식의 강의를 한다. 그 반의 인원 수대로 가는 대나무 산대를 만든다. 산대 끄트머리에 연필로 번호를 쓴다. 그것을 큰 대나무 통(산통)에 넣고 봉한 다음 거꾸로 흔들면 하나만 나오게 구멍을 뚫는다. 예불이 끝나고 큰방에 모여 산통을 거꾸로 흔들어 산대를 두 개 뽑는다. 처음 나오는 번호의 사람은 발의를 맡고 두번째 나오는 번호는 중강을 맡는다. 발의는 학인들끼리 정해진 분량만큼 먼저 읽으며 석사(釋辭;해석하고 풀이하는 것)하는 것을 말하고 중강은 오전 강의 시간에 강사 스님을 모시고 전체를 대표해서 강의하는 것을 말한다. 이때 강사 스님은 중강의 틀린 곳을 지적하고 논쟁이 있는 부분을 그때 그때 결정해 준다. 이 강의가 끝나면 점심 공양 전까지 글을 읽는다.

선원(禪院)

강원은 강원마다 공부의 방법이 다를 수도 있지만 선원은 모두가 같다.

아침 공양 뒤 청소 끝나면 보통 6시 50분쯤 된다. 겨울에는 어둠이 채 가시지 않을 때라 청소 목탁이 울리지 않을 경우가 많다. 7시부터 좌선의 정진이 계속된다. 좌선은 보통 50분 하고 10분 보행 또는 포행(步行, 布行)이 있다. 일어나 방 안에서 좌차대로 방 가장자리를 속보로 돈다. 이것을 경행(經行)이라고도 한다. 졸음을 쫓고 오래 앉음으로 인한 근육의 긴장과 혈액 순환을 풀고 돌게 하려는 것이다.

오전 일과는 세 시간 정도, 10시에 방선(放禪) 죽비가 울린다. 이때는 모두 묵묵히 좌선만 하는 침묵의 시간이다. 안으로 안으로만 성찰하는 내적 자증 또는 내심 감응(內心感應)의 세계이다.

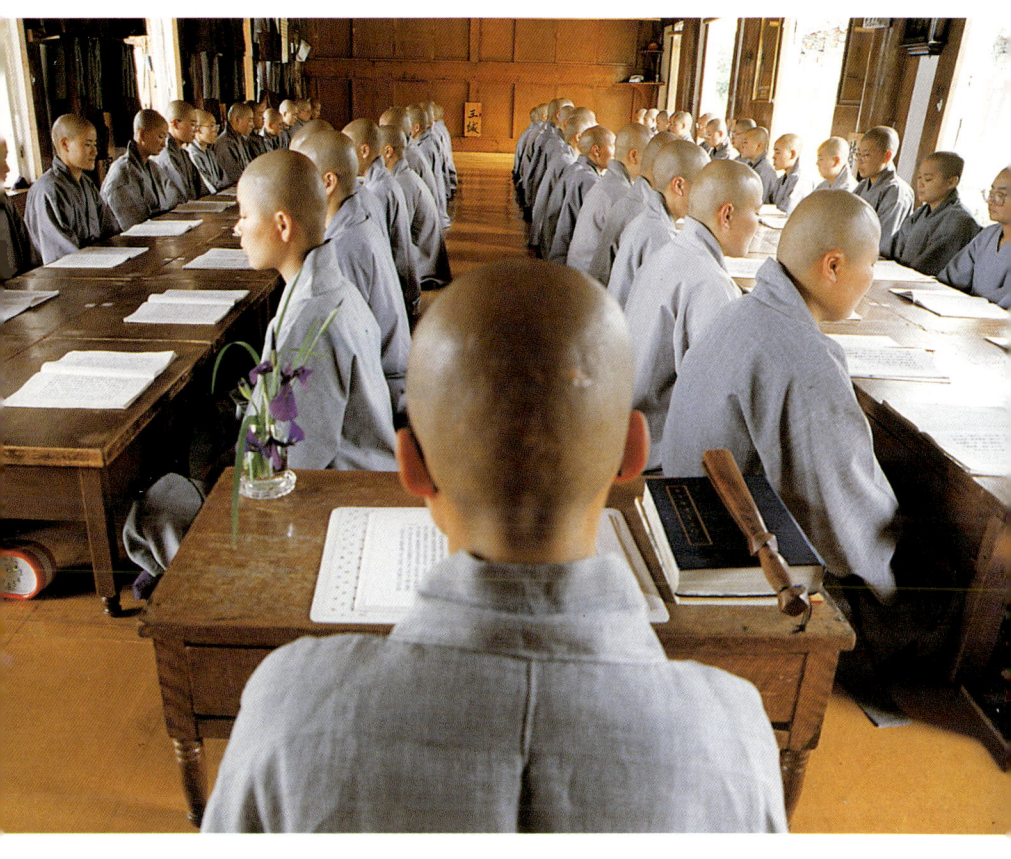

강원 사찰의 법도와 대중 처소에서의 생활을 익히고 부처님의 말씀인 경전을 배우는 곳이다.

율원(律院)

총림이 있는 곳에는 율원이 있다. 율원은 율주(律主) 스님이 있어 율장을 강의하고 대중 생활의 율행에 대해 자문에 응한다.

율원생들은 강원을 졸업했거나, 선원에서 오래 정진한 고참 납자 가운데 율문(律文)을 해독할 수 있는 이들로 구성되어 있다. 따라서 특별한 교재에 대한 강의말고는 거의 다 자습과 토론에 의해 교육된다. 때문에 무엇보다 그 자격에 엄격한 제한을 둔다.

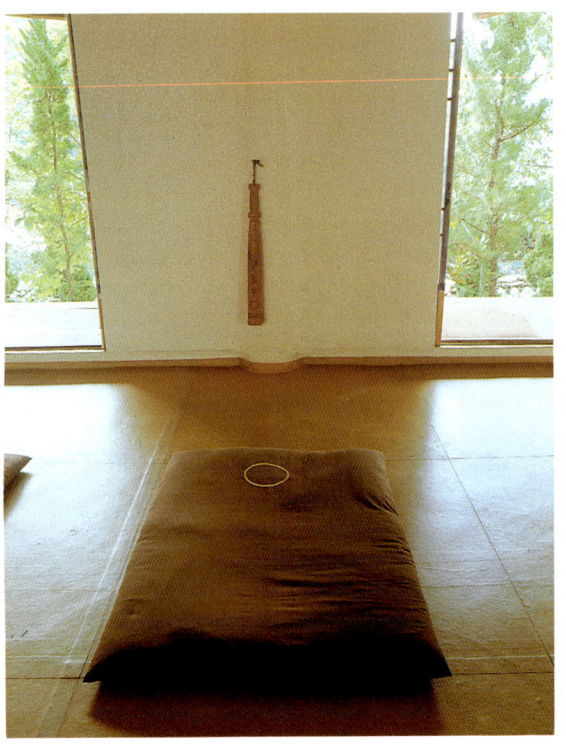

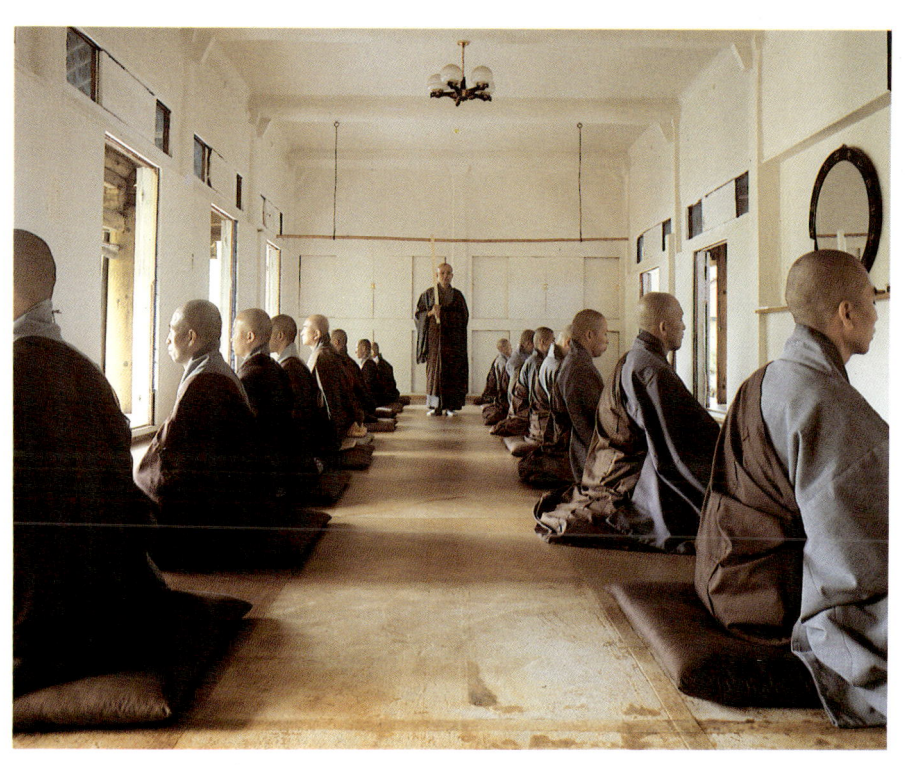

선원 말은 극도로 삼가고 글 쓰는 일, 책 보는 일은 모두 금지된다. 먹고 자는 일 밖의
모든 잡무는 가장 검소하고 간편하게 해결된다. 모든 생활은 좌선을 위주로 짜여져
빈틈없이 진행된다.(옆면, 위)

우리나라에는 가야 총림이 있는 해인사와 조계 총림이 있는 송광사의 두 곳에 율원이 있어 율장의 연구와 계율의 호지(護持)에 이바지하는 인재를 길러 내고 있다.

종무소

종무소에는 주지, 총무, 재무, 교무가 있다. 주지는 대외적으로 절을 대표하고 행정을 총괄한다. 선원의 선원장, 율원의 율원장, 강원의 강사 등이 모두 수행자를 교육하는 소임인 데 반해 주지는 행정을 담당하고 대외 업무와 교섭을 해야 하는 외호(外護)의 소임이다. 때문에 주지를 잘 만나면 그 살림이 따시고 평온하지만 잘못 만나면 살림 형편이 들쭉날쭉해 형편이 말이 아닌 경우도 있다.

주지의 임기는 4년, 임기가 끝나면 그 사찰에 적을 두고 있는 스님들에 의해 선거로 선출된다. 특별한 과오가 없는 한 연임하는 것이 상례로 되어 있다. 원래 주지(住持)라는 말은 법(法)을 주석(住錫)하고 유지(維持)한다는 뜻의 말로 수행의 직책이었으나 요즈음은 행정의 직책을 뜻하는 말이 되었다. 그러나 대중이 많이 기거하지 않는 소규모의 사원일 경우 수행과 행정은 물론 공양주나 부목까지 주지 혼자 도맡아 하는 경우가 많다.

아침 공양이 끝나면 종무소 소임자들은 종무소(웬만한 규모의 사찰이면 종무소가 있다)에서 종무 회의를 한다. 사찰에 필요한 모든 업무는 여기서 의논된다. 대중 공사나 산중 회의에서 결의된 내용을 추진하고, 총무원에서 내려오는 여러 가지 종무를 검토하고 이행하며 각 말사의 행정을 지도하고 그날 그날 일어나는 대소 잡무를 위해 누가 출행할 것인가를 토의한다. 이 종무 회의에는 회계, 원주, 농감도 참여하고 모든 토의는 서기에 의해 회의록에 남겨지게 된다.

재식 (齋食)

재식의 의미

재식은 점심 공양이다. 부처님께 올리는 공양은 마지(摩旨)라고 한다. 오전 정진은 10시에 끝난다.

선원에서는 방선 죽비가 세 번 울리고, 강원에서는 글 읽는 소리가 그친다. 큰법당 소임을 맡은 노전 스님을 비롯해서 각 법당의 소임자들은 마지 올릴 준비를 한다. 후원에서는 공양주가 벌써 각 법당별로 가져갈 마지를 담아 빨간 마지보를 덮어 놓고 기다리고 있다. 10시 30분 이윽고 큰법당에서 여섯 망치(잦은몰이로부터 중중몰이로 쳐오르거나 내려치는 타종 방법)의 마지종이 울린다. 큰법당과 각 전에서 일제히 마지 올리는 목탁 소리가 들린다.

이 점심 불공에는 조실 스님을 비롯하여 선원, 강원, 율원은 물론 요긴한 일이 없는 종무소 소임자도 모두 참여한다. 재식 예문은 아침 예불과 다를 바 없다. 다만 조석 예불은 첫머리가 "목숨바쳐 지극한 마음으로 절하옵니다"라고 하지만 점심 불공에는 "목숨바쳐 지극한 마음으로 공양올리옵니다"라고 한다. 그리고 아침 예불에는 발원문을 읽지만 이때는 축원문(祝願文)을 읽는다. 이 불공이 끝나면 스님들은 안행(鴈行;기러기 열을 지어 날듯 좌차대로 일렬로 서 가는 모습)을 이루어 큰방으로 향한다.

안행의 머리가 큰방 가까이 오면 큰방 부전은 대기하고 있다가 다섯 번의 종을 울린다. 물론 식사 10분 전을 예고하는 종소리다.

재(齋)는 바로잡다, 가지런하다, 재계(齋戒)하다 등의 뜻이 있다. 청청한 법다움으로도 표현한다. 재식은 계율에 따른 법다운 식사의 의미가 된다.

부처님께서는 일생을 오로지 걸식에 의지하셨다. 기후 조건이나 생활 관습이 다른 탓도 있지만 지금도 인도 주변의 더운 나라 승려들은 대부분 걸식을 지키며 수행하고 있다.

아침에 가사를 입으시고 발우를 들고 천천히 바른 걸음으로 마을에 들어가 차례로 음식을 구걸하셨다. 그리고 돌아와 식사를 마치시고 발을 씻으신 뒤 좌선에 드셨다. 모든 경전의 서두는 이렇게 시작한다. 걸식은 부처님의 하루 생활 가운데 가장 기초적인 일이었고 좌선은 가장 중심이었다.

걸식에도 일정한 법도가 있다. 하루에 일곱 집 이상을 구걸하지 않는다. 부잣집과 가난한 집을 고르지 않는다. 한 번 간 곳은 되돌아 가지 않는다. 음식의 양을 요구할 수 없다. 음식의 종류를 요구할 수 없다 등등이다. 언젠가 부처님께서 마을에 걸식하러 가셨을 때 마침 마을 사람들은 잔치집에 가느라 집을 비우고 있었다. 부처님은 일곱 집을 방문했으나 음식을 얻지 못했다. 돌아오는 길에 악마가 속삭였다. 사람들이 잔치에 가고 없었지 않았는가. 지금 다시 돌아가면 아마 돌아와 있을 텐데. 부처님은 되돌아가지 않고 그냥 오셨다. 부처님은 그날 하루 굶으시는 수밖에 도리가 없었다.

초기 승단의 출가자들은 정사에서 끓여 먹는 것은 물론 일체의 경제 행위를 하지 못하도록 규정되어 있었다. "비구는 이익을 위해 땀을 흘려서는 안 된다"라는 말씀으로 표현되었다.

비구가 땀을 흘려야 할 곳은 수행과 교화, 그 밖에 다른 것은 교단을 따르는 재가 신자들에게 의지하라는 가르침이다. 비구(比丘；Bikkshu 의 음역으로 구걸하는 수행자)는 원래 수행자였다. 오늘날과 같은 사제(司祭)의 임무를 갖게 된 것은 훗날의 일이다. 남방 율장에 의거할 때 승려는 손수 현금 출납을 맡을 수 없다. 일체의 돈을 만질 수 없는 것이다. 부파 불교의 초기 상좌부와 대중부로 분열이 시작된 것도 사소한 문제 곧 정오에서 몇 분을 넘기고도 식사가 가능한가, 적은 단위의 화폐 소지가 적법한가 등이었다.

부처님의 생활 모습 그대로 따르려는 상좌부와 변화하는 시대에 맞추어 불교를 생활화하려는 소장파는 결국 상좌부와 대중부로 분열되었다. 그러나 넓은 지역으로 퍼져 나가 그 지역 민족의 전통과 융화하며 발전하면서도 부처님의 생활과 정신을 수행 생활의 규범으로 유지하려는 노력은 변함없이 지속되었다. 재식도 그 가운데 하나이다.

초기 교단의 생활 관습에 따르면 수행자는 정오를 지나 먹는 것은 금지되었다. 오후에 먹을 수 있는 것은 씹지 않고 삼킬 수 있는 음료에 한정되었다. 재식은 그날 먹는 일의 마감이라는 뜻도 포함되어 이리저리 중요한 식사가 된다. 때문에 점심 공양은 장삼과 가사를 엄히 수하고 임해야 한다. 어떤 경우를 막론하고 출가 수행자 이외에는 참여할 수가 없다.

발우 공양이 원래 조용하고 질서있지만 이 재식 때의 모습은 엄정하고 단아해서 법다운 식사로서 청정한 맛이 절로 나온다. 보조 스님도 초심자를 경계하는 글에 "재식에서 씹고 마실 때 소리를 내지 말라" 하였다.

월정사를 찾은 세조가 스님들의 점심 공양 태도가 너무 보기 좋아 조실 스님에게 한번 참여할 수 있게 해달라고 부탁했다. 임금의

청이라 마지못해 허락은 했지만 앉을 자리를 어디에 정해야 할지 몰라 조실 벽계 정심 선사는 망설였다. 임금을 법보의 위에 둘 수는 없지만, 그렇다고 사미들과 함께 앉히기도 좀 거북했던 것이다. 그때 문수 동자가 나타나 세조에게 말했다. "처사님 이리오셔요" 하며 세조를 끌고 맨 끝 사미의 뒤에다 자리를 정해 주었다. 오대산 월정사에서 있었던 일이다.

심경(心經)

점심 공양 때는 심경을 외운다. 부처님 생애가 가장 짧게 구성되어 있다. 공양이 나에게 오기까지 수고한 이들을 생각하는 경구도 있다. 부처님이 하셨던 것처럼 새와 물고기 그리고 귀신과 아귀들에게 먹을 것을 나누어 주는 주문도 들어 있다. 이것을 점심 공양 때는 반드시 외운다. '밤이면 밤마다 부처를 안고 자고 아침이면 아침마다 부처를 지고 일어난다'는 것이 승려들의 생활이다. 그러나 또 '먹으면 먹을 때마다 부처를 먹고, 누우면 누울 때마다 부처를 누인다' 가 바로 이것이다.

옛날에는 점심 공양 때 반드시 「반야심경」을 함께 외웠으나 요즈음 대개 소심경(小心經)이라 하여 「반야심경」은 외우지 않고 좀더 축소된 심경을 외운다. 죽비 소리 울리면 대중은 합장하며 외운다.

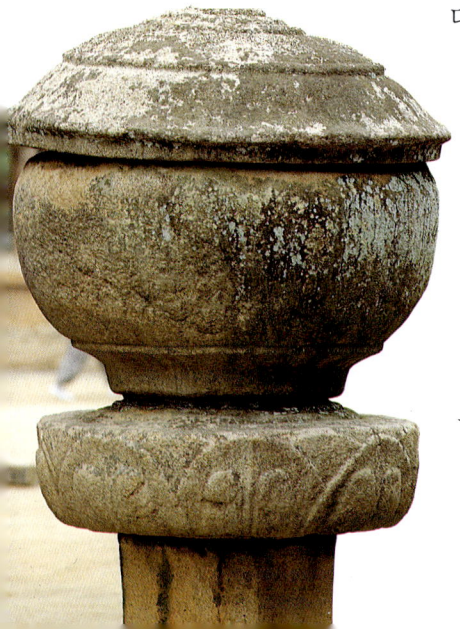

봉발탑 부처님께 늘 공양을 올린다는 뜻으로 발우를 만들어 탑을 모셨다.

회발게(回鉢偈)
양에 맞추시던 부처님 그릇
저 지금 얻어 펴옵니다
원컨대 모든 이웃들 함께
삼륜이 평등하고 공적해지이다.

전발게(展鉢偈)
부처님 카필라에 태어나시고
깨달음 부다가야 이루시었네
설법은 바라나시 처음하시고
입멸은 쿠시라에 이루시었네.
(죽비 소리에 발우를 편다)

십념(十念)
청정법신 비로자나불
원만보신 노사나불
천백억화신 석가모니불
구품의 스승 아미타불
당래하생 미륵존불
시방삼세 일체존불
시방삼세 일체존법
대지문수사리보살
대행보현보살
대비관세음보살
제존보살마하살 마하반야바라밀.
(죽비 소리에 진지가 시작된다)

수식게(受食偈)
저 이 음식 받으며
원컨대 모든 이웃 함께
선열(禪悅)로 음식삼아
법의 기쁨 충만해지소서.
(이 게송을 외울 때는 양손으로 어시 발우 받아올려 이마쯤
올린다. 그리고 내린 뒤 합장하고 다음 게송을 읊는다)

오관게(五觀偈)
이 공양 온 곳 헤아리니
모든 이들의 공덕 많았네
이몸의 덕행 얼마쯤인가
응공의 자격 있는가 없는가
탐진치의 뿌리로 된
마음 막아 허물 여의리
몸을 치료하는
정사의 양약
도업 이루기 위해
이 공양받습니다.

생반게(生飯偈)
모든 귀신들이여
그대들에게 공양하노니
이 음식 시방에 가득
모든 귀신들 공양할지어다.
(죽비 소리가 세 번 울리면 공양을 한다)

이때 생반대를 이용하여 헌식을 한다. 헌식의 양은 일곱 알 정도로 헌식 그릇은 헌식을 담당한 스님이 준비하며 중간중간에 놓는다. 나중 공양이 끝나고 그것을 모아 물고기에게 조금, 새에게 조금, 그리고 헌식대에 놓아 주어 귀신들이 먹게 한다. 이것을 위해 헌식(獻食)의 소임이 따로 있다. 이 헌식의 소임은 덕이 많고 인자한 노장님이 한다.

절수게(折水偈)
내 발우 씻은 이 물
하늘의 감로 맛에 비할까
그대 아귀들께 공양하노니
모두 함께 배불리 먹을지어다.
옴 마휴라세 사바하(세 번)

죽비 소리 한 번, 하판 스님들은 일어나 천수통에 물을 받아 어간에 갖다 놓는다. 가끔 조실 스님은 발우 씻은 물이 깨끗한가를 검사한다. 물이 깨끗하지 못하면 경책의 말씀을 내린다. 이 천수물은 공양이 끝나면 정해진 곳에 갖다 붓는다. 아귀가 먹도록.

수발게(收鉢偈)
밥 먹고 나니 기운 넘친다
시방삼세에 떨치는 영웅
인과를 돌이킬 생각도 없이
모든 중생이 신통 얻었네.
(죽비 소리 세 번 울리면 점심 공양은 끝난다)

산보

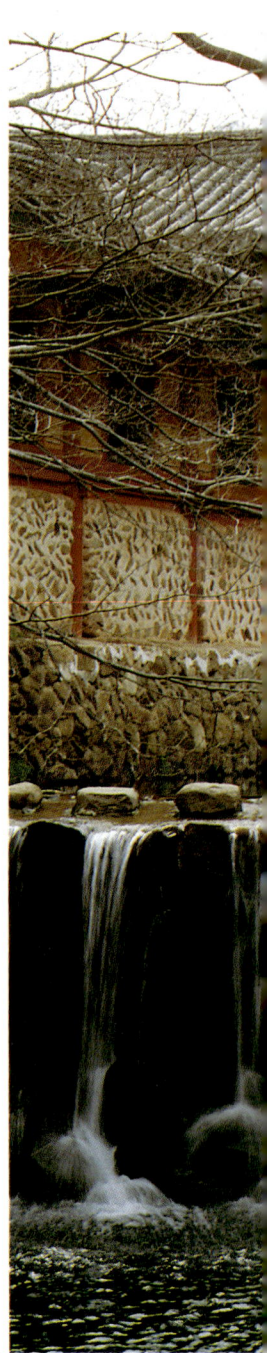

　　산사의 대중 생활 가운데 산보처럼 자기만의
호젓함을 느끼는 시간도 없다. 도시에 있는
사찰말고는 거의 모든 절이 산에 있잖는가.
향기 좋게 피는 야생화 사잇길의 여름 산보며,
바람이 불어 흔들리는 갈대숲 사이의 가을
산보며, 토기가 힘들여 뛰는 눈길의 겨울 산
보. 밟히는 작은 이끼의 망울져 터져 나가는
생명의 신비를 바라보는 일들. 짧은 산행이라
차림 그대로여서 좋고, 목적이 없으니 바쁠
것 없어 홀가분하다. 경을 보든 선을 하든 가부
좌틀고 앉는 것이 수행자의 몸가짐, 휘적휘적
걸어 근육을 푸니 정진에 힘이 붙어 좋다. 혹
고참 납자를 모시고 산보를 가면 깊은 정진의
경험을 듣게 되어 유익할 때도 있다.

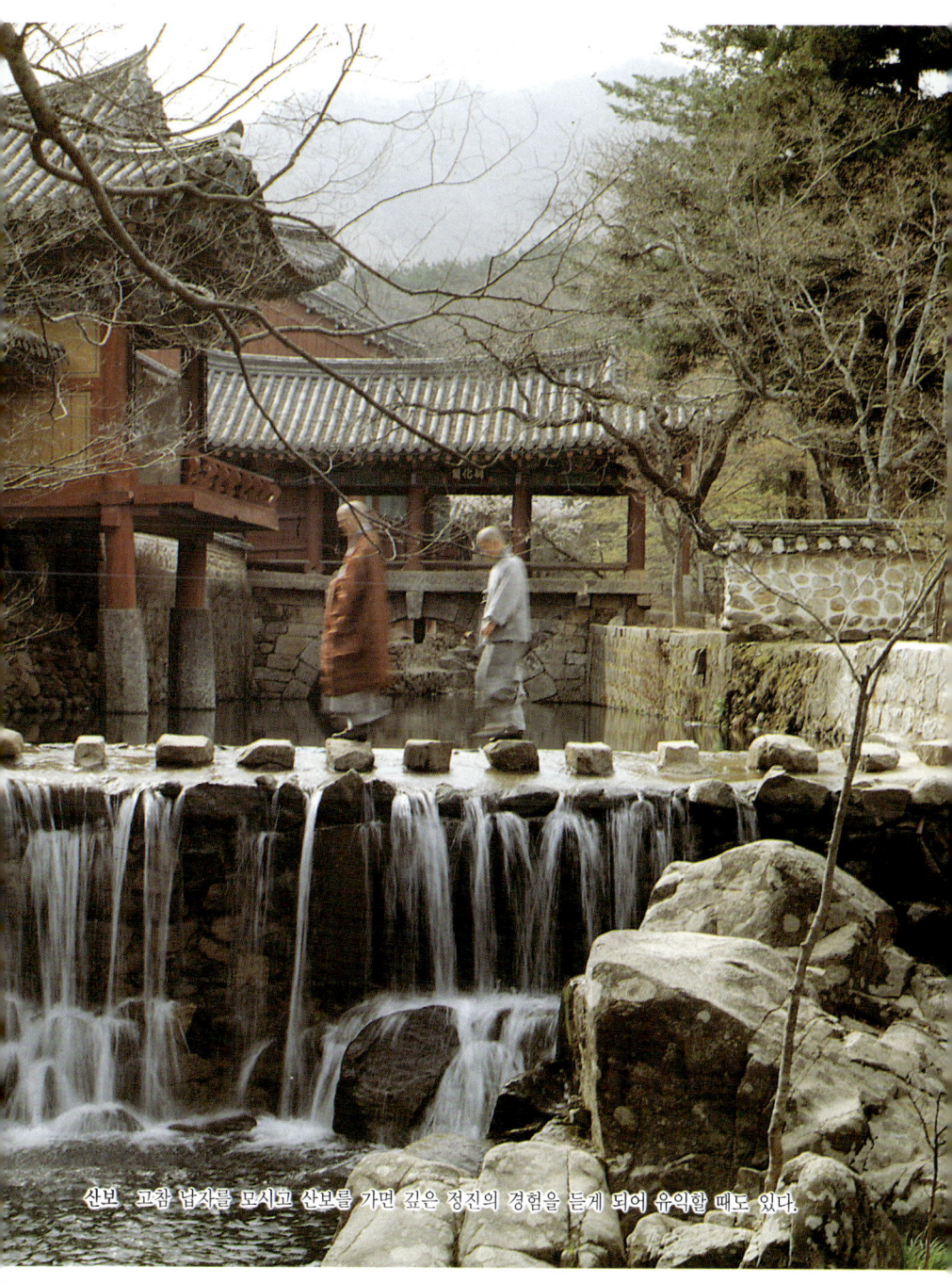

산보 고참 납자를 모시고 산보를 가면 깊은 정진의 경험을 듣게 되어 유익할 때도 있다.

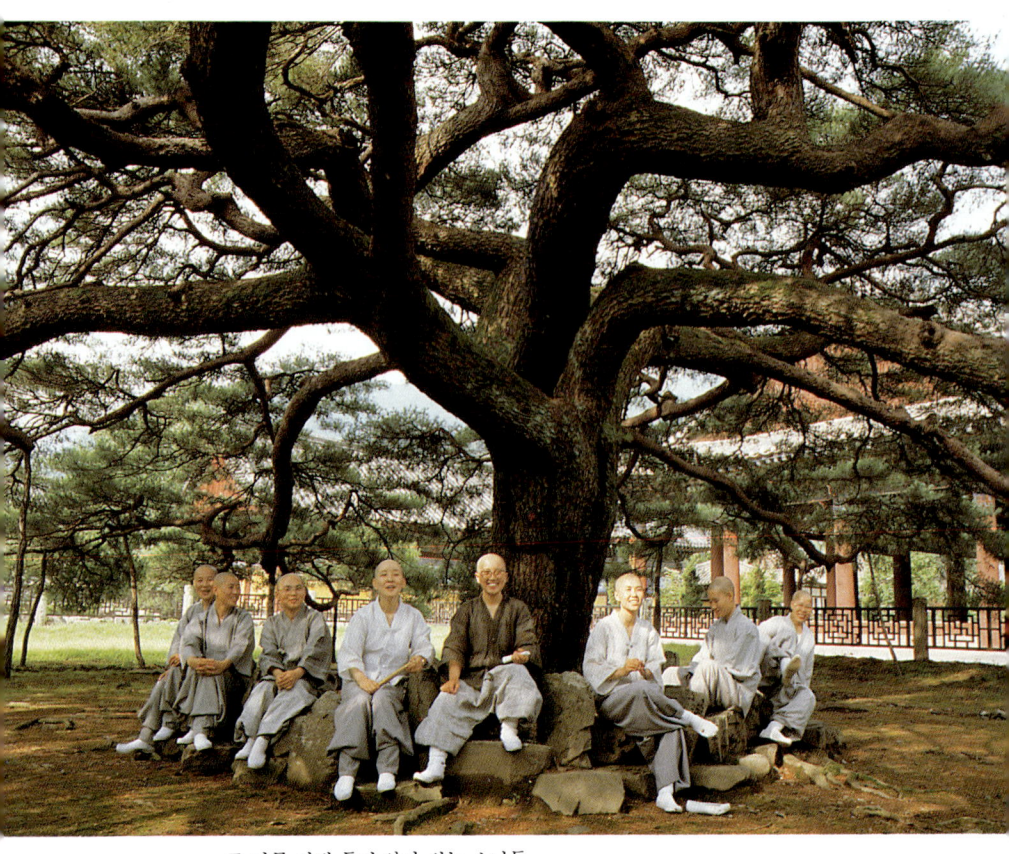

큰 나무 밑에 둘러 앉아 쉬는 스님들

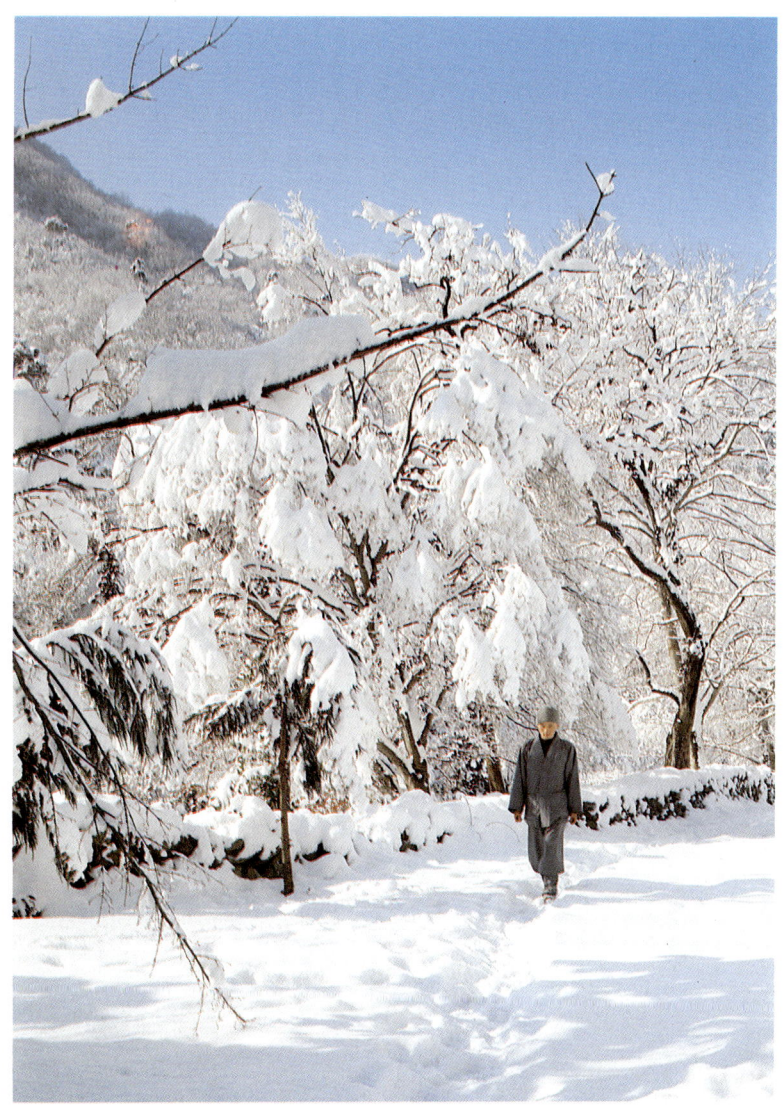

겨울 산보   산중의 대중 생활 가운데 산보처럼 자기만의 호젓함을 느끼는 시간도 없
다.

울력(運力)

울력의 종류는 많다. 비 새는 지붕 기와를 갈고, 허물어진 굴뚝이나 담장 그리고 헌 기둥이나 서까래 갈아 끼우는 영선(營繕)의 일. 채소밭 김매는 일, 모심기, 가을걷이 등 농감(農監)과 원두(園頭)의 일. 나무 심고 나무하고 산불 나면 달려가는 산감(山監)의 일.

선방은 선방대로, 강원은 강원대로, 종무소는 종무소대로 잦은 울력이 있지만, 대중의 도움을 필요로 하는 큰 일은 아침 대중 공사로 결정하고, 시간이 되면 큰 목탁 세 번 쳐서 대중을 운집하여 울력을 한다.

대중이 쓰는 도구는 고방(庫房)에 있다. 따시고 짬진 절집의 살림일수록 고방의 연장이 질서 정연하다. 옛 스님들도 "도구를 갖추되 검소하라 그리고 늘 풍족하게 생각하라"라고 하였다.

밭일은 원두 스님이, 논일은 농감 스님이, 산일은 산감 스님이 인솔하고 지시한다. 울력은 한 시간이나 두 시간이면 끝난다. 그러나 때로 한나절이나 하루, 그리고 '부처님 오신 날'이나 정대불사(頂戴佛事) 등 큰 불사 때는 며칠씩 온 산중이 총동원된다.

울력은 분명 일이다. 살림에 보탬이 된다. 절약하고 검소하지만

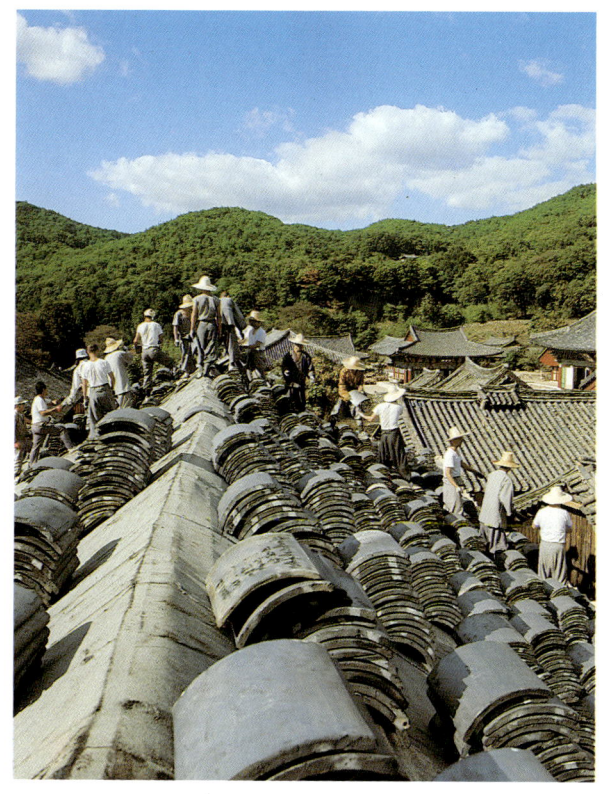

더 절약하고 검소하라는 산 가르침이다. 일할 때도 기봉(機鋒)은 살아 있어야 한다. 생존에 필요한 것이지만 생존만을 위하는 것이 아니기에 더욱 그렇다. 그래서 옛 선지식들은 일하다 말고 느닷없이 제자들에게 질문을 해대곤 했다. 풀매다, 밭매다 살활 자재하는 선문답이 오고갔다. 그리고 울력의 현장에서 활연 대오한 이도 적지 않다. 수행자들의 울력은 정진의 바깥도 아니고 내부도 아니다.

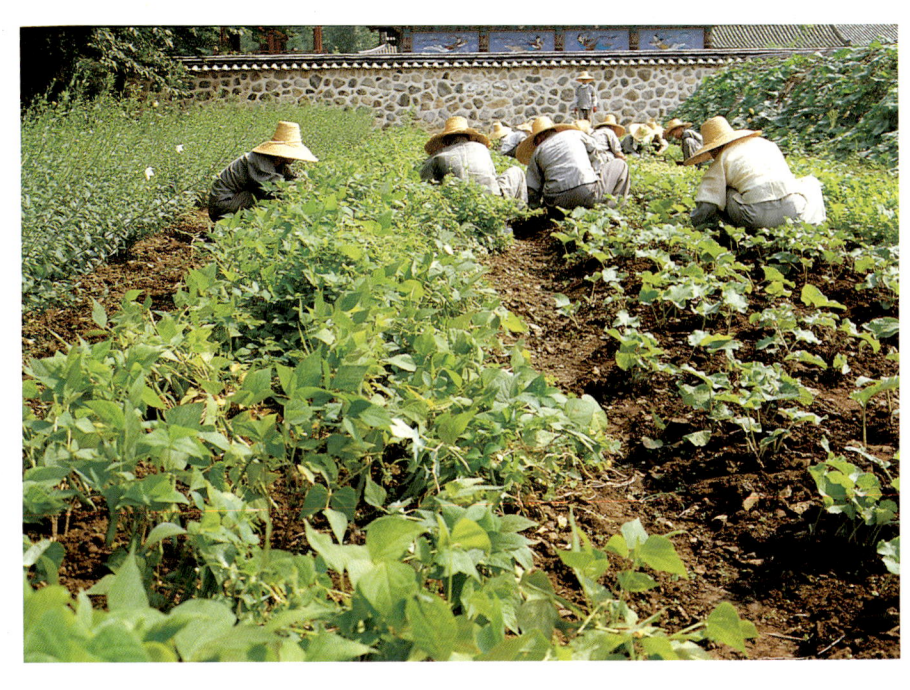

밭매는 모습 밭일은 원두 스님이 인솔하고 지시한다.

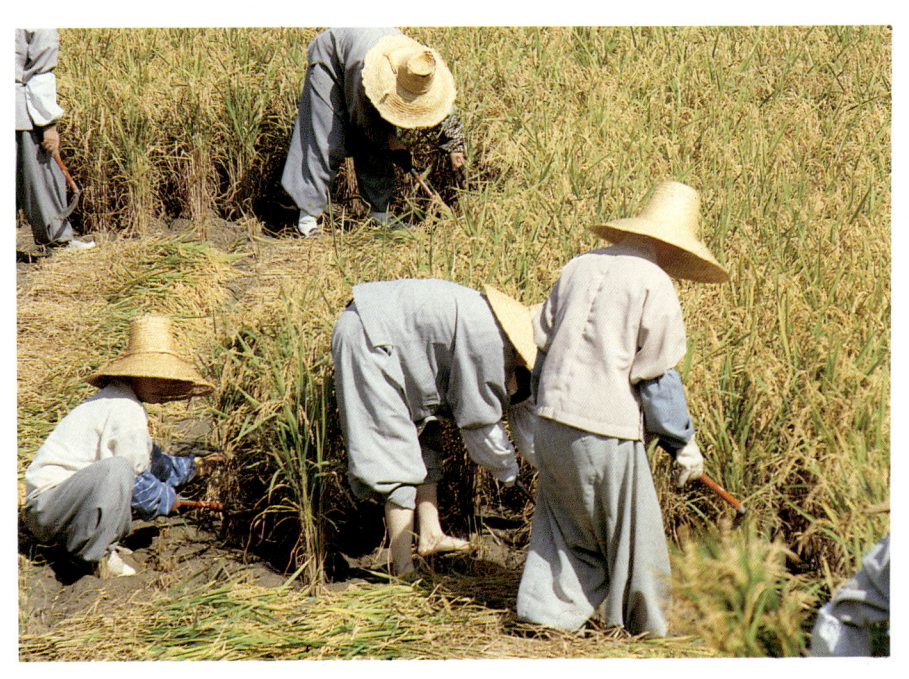

추수하는 모습 논일은 농감 스님이 인솔하고 지시한다.

저녁 공양(薬石)

저녁 공양은 6시이다. 해가 짧은 겨울은 5시 30분 정도. 계절에 따라 약간의 차이를 둔다.

스님들 가운데에는 하루 한 끼만 먹는 스님이 있다. 이름하여 일중식(一中食). 그런가 하면 오후에는 먹지 않는 경우도 있다. 오후 불식(午後不食)이 그것이다.

부처님은 정오 이후 드시지 않았다. 지금도 인도나 그 주변 국가 승려들은 오후 불식을 원칙으로 하고 있다. 비단 불교뿐 아니라 힌두교나 자이나교의 수행자들도 오후 불식이 관습화되어 있다. 기후와 생활 관습의 차이에서 오는 영향도 있다. 그러나 생산 노동에 종사하지 않는 정신 노동자들이 그들에게 갖는 감사와 겸허의 뜻을 표하는 의미가 더 짙다. 그래서 저녁 공양을 약석(薬石;약이나 침의 뜻, 치료의 뜻도 포함된다)이라고 했다.

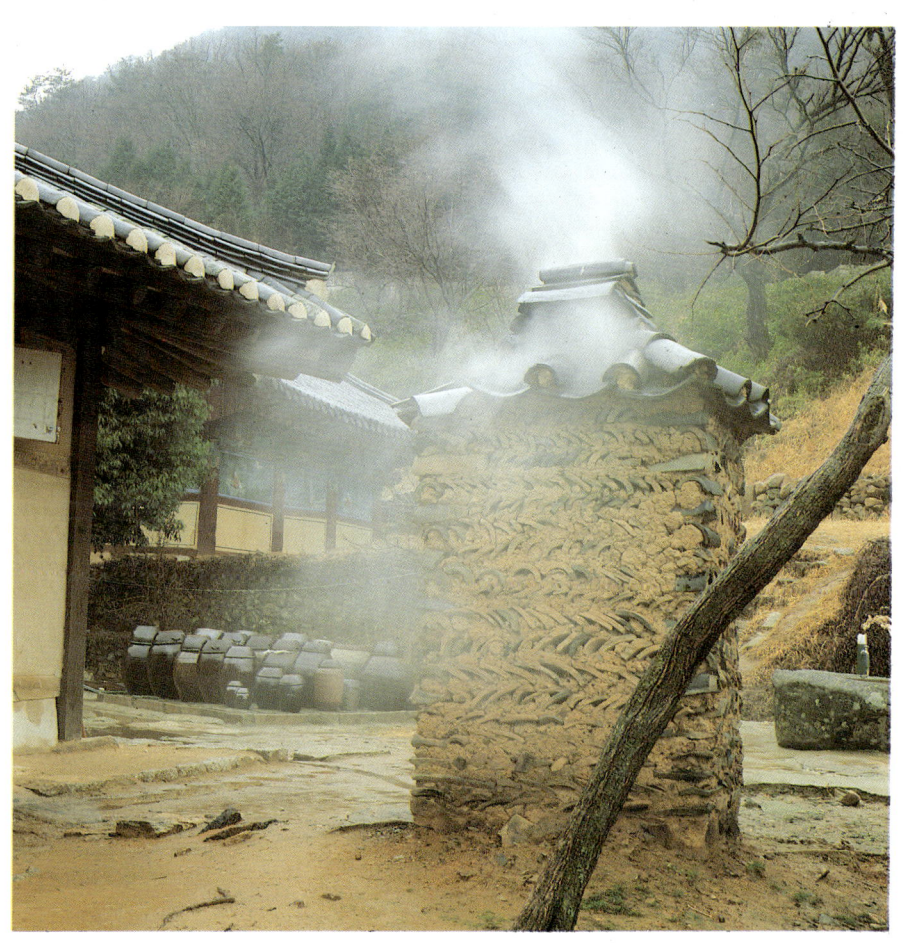

산사의 후원의 굴뚝 저녁 공양 준비하느라 피어오르는 연기가 후원에 가득 퍼진다.

저녁 예불

저녁 공양 뒤 소제나 양치질을 끝내는 시간쯤에 저녁 예불을 알리는 종이 큰법당에서 울린다.

곧 이어 사물(四物)이 차례대로 울린다. 이 사이 각 전(殿)에서는 부전 스님들이 예불을 드린다. 아침에는 큰법당 예불이 끝나고 각 전으로 가지만, 저녁에는 반대로 각 전이 끝나고 큰법당으로 모인다. 사물이 다 울릴 쯤이면 각 전의 예불도 모두 끝나 큰법당의 예불이 시작된다.

예불의 의식은 아침 예불과 다를 바 없지만 저녁에는 발원문을 봉독하지 않으므로 더 간소한 편이다.

예불이 끝나면 각자의 처소로 돌아가 정진한다. 이때쯤이면 섬돌에 어둠이 짙게 내려 장등(丈燈)을 켠다.

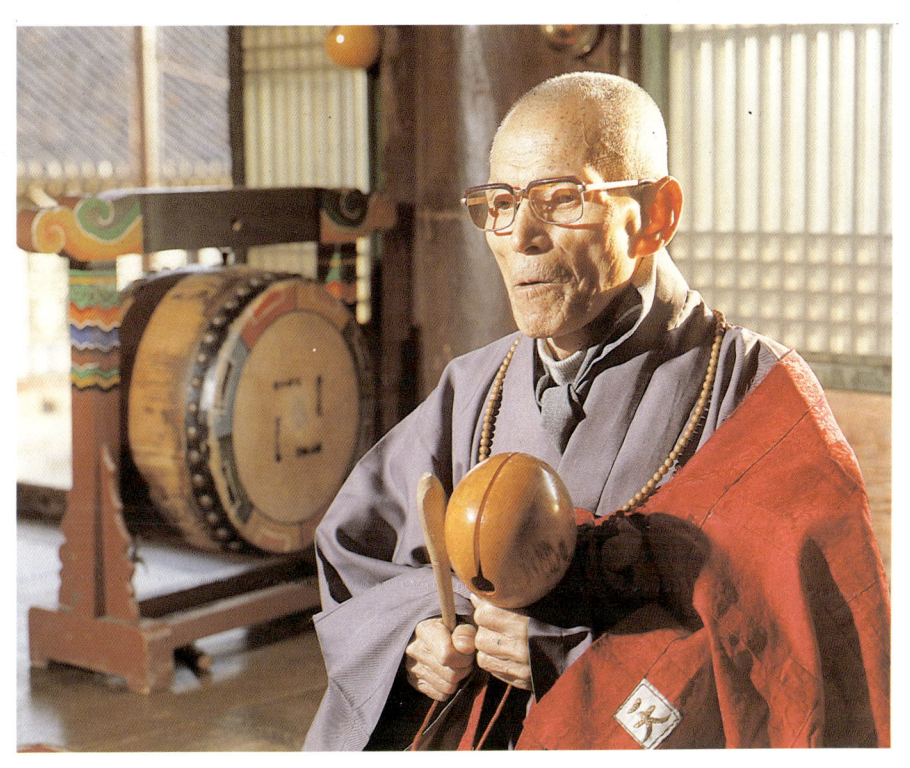

저녁 예불 아침에는 큰법당 예불이 끝나고 각 전으로 가지만, 저녁에는 반대로 각
전이 끝나고 큰법당으로 모인다.

방선(放禪) 죽비

　삼경의 종이 울린다. 9시 정각, 선방을 제외한 모든 도량이 불을 끄고 잠자리에 든다.

　선방에서는 한 시간이 지나 10시, 방선 죽비를 친다. 딱, 딱, 딱 가행 정진도 끝난다. 특별 정진을 하는 선방에서는 11시 50분에 방선한다. 2시 50분이면 일어나야 하니까. 하루 3시간 잠자는 셈이다. 이때는 잠도 약이 된다. 그러나 보통 선방의 경우 가행 정진이라 해도 10시에는 방선을 한다. 방선 죽비가 울리면 장등(불을 켜거나 끄는 소임)을 맡은 스님은 심지를 낮추어 초롱불을 켠다. 요즈음이야 전부 전기를 쓰니까 촉광 조절만 하면 된다.

　선방은 잘 때도 불을 완전히 끄지 않는다. 깨어나는 잠, 잠 속의 깨어남도 공부의 하나, 오매일여(잠잘 때나 깨어 있을 때나 한결같이)의 정진은 잘 때라고 쉬는 것이 아니다.

　선객들이 조용조용 일어나 오줌 누고, 하품하고, 지는 목련꽃 사이로 넘어가는 달 한번 쳐다보고 돌아와 와선(臥禪)에 들면 산사의 하루도 저내린 것이다.

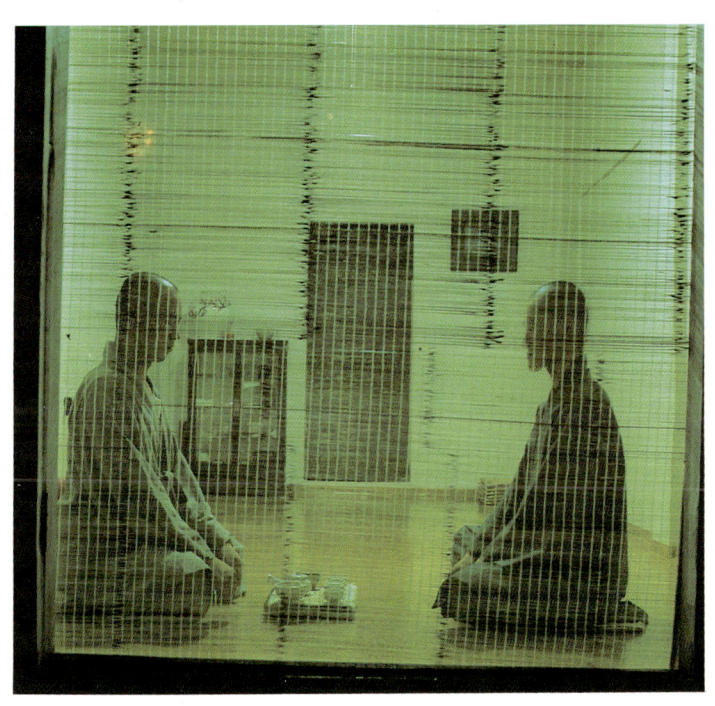

방선 저녁 예불이 끝나면 각자의 처소에 돌아가 정진한다.

가야 할 곳 어디이던가
떠나온 먼 먼 고향으로부터
해뜨고 달지는
꿈 속의 길

억겁천생
흐름 불러 멈춰 돌아서 온

여기 이 자리
견디며 견디며
지탱하다
큰 용기 소용돌이쳐

한 호흡 크게
그 호흡까지 멈춰 버리고
끝내
혼이나마 앞서
허공길 더듬게 하고
그냥 아픈 다리나 쉬리라

그대 편안히
거기 누우시라
잠들지는 말고.

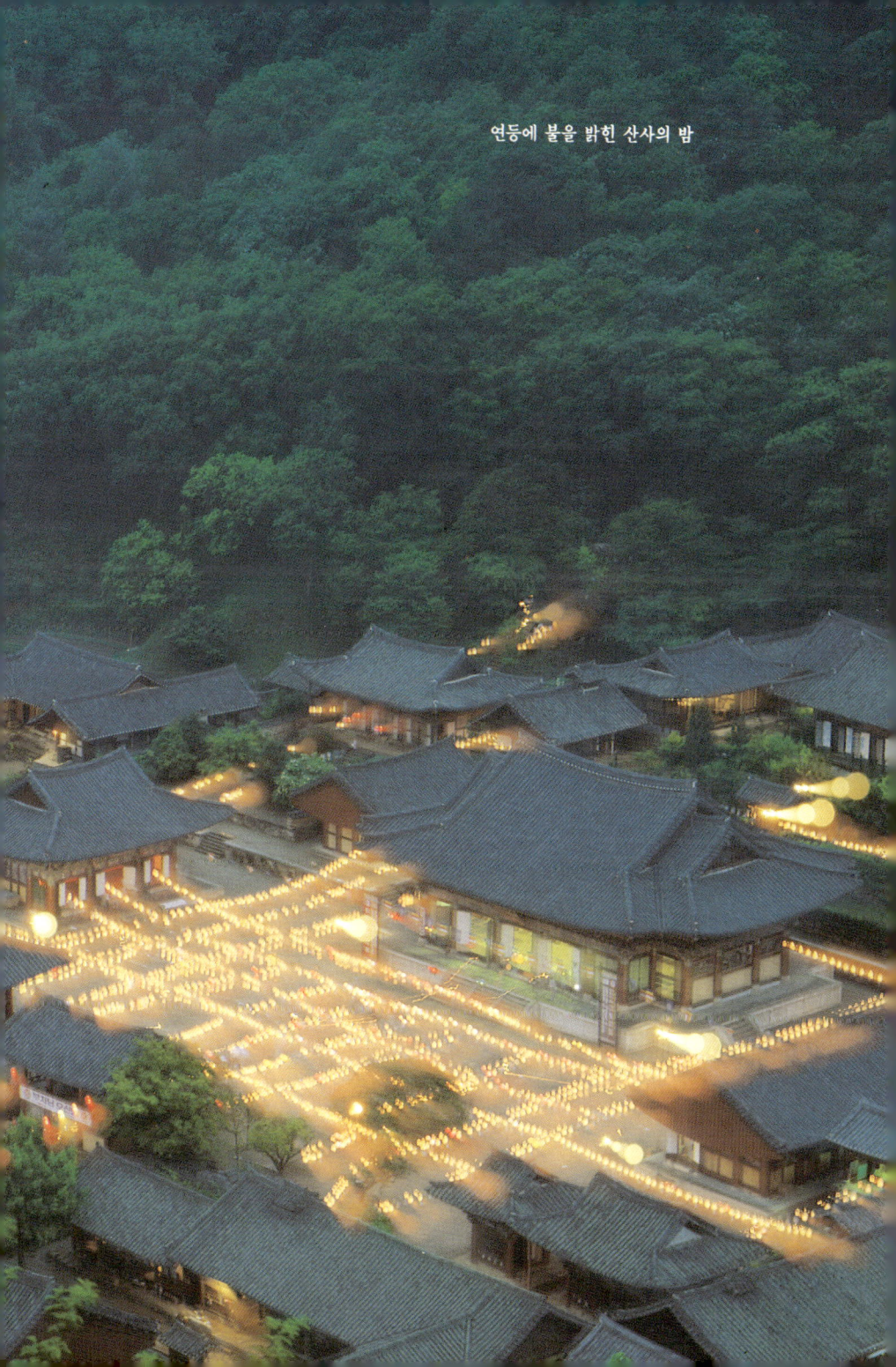
연등에 불을 밝힌 산사의 밤

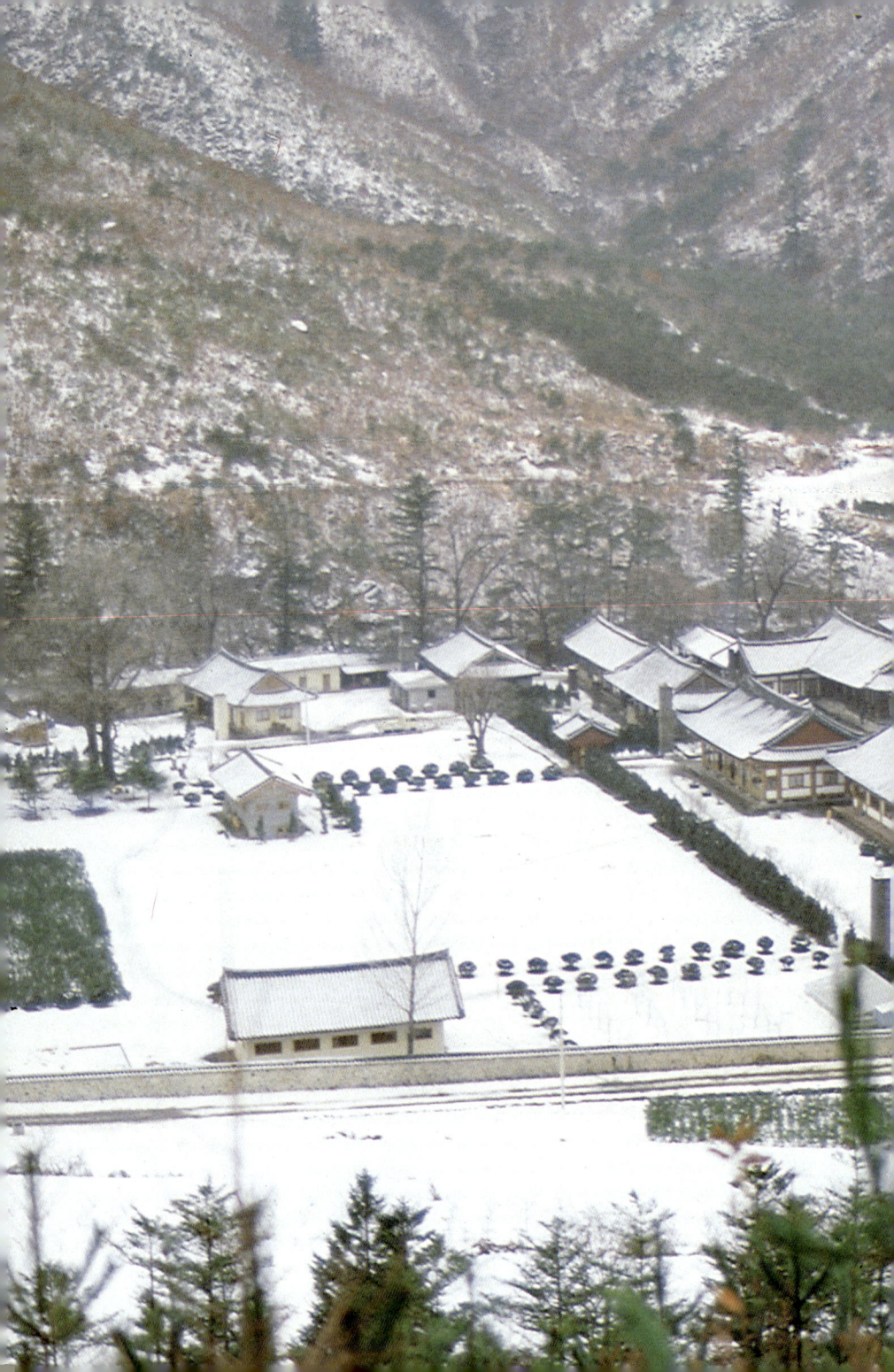

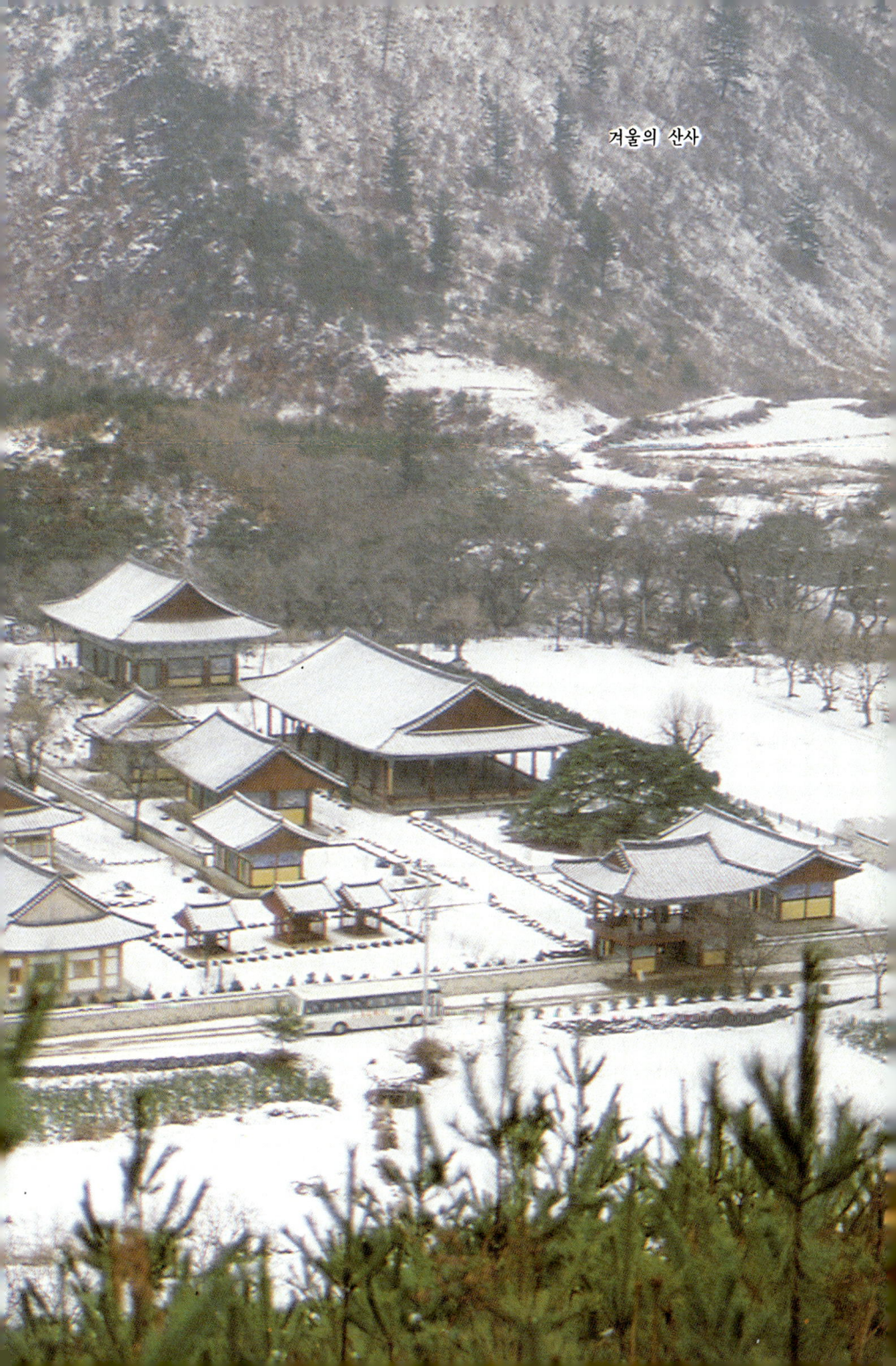

겨울의 산사

빛깔있는 책들 103-25

산사의 하루

초판 1쇄 발행 | 1992년 6월 30일
초판 7쇄 발행 | 2003년 1월 30일
재판 1쇄 발행 | 2014년 3월 1일

글 | 돈연
사진 | 김대벽, 안장헌

발 행 인 | 김남석
편 집 이 사 | 김정옥
편집디자인 | 임세희
전   무 | 정만성
영 업 부 장 | 이현석

발행처 | (주)대원사
주   소 | 135-945 서울시 강남구 양재대로 55길 37, 302(일원동 대도빌딩)
전   화 | (02)757-6717~6719
팩시밀리 | (02)775-8043
등록번호 | 등록 제3-191호
홈페이지 | www.daewonsa.co.kr

값 8,500원

ISBN 978-89-369-0123-3

잘못 만들어진 책은 바꾸어 드립니다.

빛깔있는 책들

민속(분류번호:101)

1 짚문화	2 유기	3 소반	4 민속놀이(개정판)	5 전통 매듭
6 전통 자수	7 복식	8 팔도 굿	9 제주 성읍 마을	10 조상 제례
11 한국의 배	12 한국의 춤	13 전통 부채	14 우리 옛 악기	15 솟대
16 전통 상례	17 농기구	18 옛 다리	19 장승과 벅수	106 옹기
111 풀문화	112 한국의 무속	120 탈춤	121 동신당	129 안동 하회 마을
140 풍수지리	149 탈	158 서낭당	159 전통 목가구	165 전통 문양
169 옛 안경과 안경집	187 종이 공예 문화	195 한국의 부엌	201 전통 옷감	209 한국의 화폐
210 한국의 풍어제	270 한국의 벽사부적			

고미술(분류번호:102)

20 한옥의 조형	21 꽃담	22 문방사우	23 고인쇄	24 수원 화성
25 한국의 정자	26 벼루	27 조선 기와	28 안압지	29 한국의 옛 조경
30 전각	31 분청사기	32 창덕궁	33 장석과 자물쇠	34 종묘와 사직
35 비원	36 옛책	37 고분	38 서양 고지도와 한국	39 단청
102 창경궁	103 한국의 누	104 조선 백자	107 한국의 궁궐	108 덕수궁
109 한국의 성곽	113 한국의 서원	116 토우	122 옛기와	125 고분 유물
136 석등	147 민화	152 북한산성	164 풍속화(하나)	167 궁중 유물(하나)
168 궁중 유물(둘)	176 전통 과학 건축	177 풍속화(둘)	198 옛 궁궐 그림	200 고려 청자
216 산신도	219 경복궁	222 서원 건축	225 한국의 암각화	226 우리 옛 도자기
227 옛 전돌	229 우리 옛 질그릇	232 소쇄원	235 한국의 향교	239 청동기 문화
243 한국의 황제	245 한국의 읍성	248 전통 장신구	250 전통 남자 장신구	258 별전
259 나전공예				

불교 문화(분류번호:103)

40 불상	41 사원 건축	42 범종	43 석불	44 옛절터
45 경주 남산(하나)	46 경주 남산(둘)	47 석탑	48 사리구	49 요사채
50 불화	51 괘불	52 신장상	53 보살상	54 사경
55 불교 목공예	56 부도	57 불화 그리기	58 고승 진영	59 미륵불
101 마애불	110 통도사	117 영산재	119 지옥도	123 산사의 하루
124 반가사유상	127 불국사	132 금동불	135 만다라	145 해인사
150 송광사	154 범어사	155 대흥사	156 법주사	157 운주사
171 부석사	178 철불	180 불교 의식구	220 전탑	221 마곡사
230 갑사와 동학사	236 선암사	237 금산사	240 수덕사	241 화엄사
244 다비와 사리	249 선운사	255 한국의 가사	272 청평사	

음식 일반(분류번호:201)

60 전통 음식	61 팔도 음식	62 떡과 과자	63 겨울 음식	64 봄가을 음식
65 여름 음식	66 명절 음식	166 궁중음식과 서울음식		207 통과 의례 음식
214 제주도 음식	215 김치	253 장醬	273 밑반찬